エキスパート養成のための

地方公共団体・公法人「契約実務」講座

井出 勝也 著
［元東京都財務局契約調整担当部長］

大成出版社

装幀・組版設計　道吉　剛

推薦のことば

　地方公共団体は、さまざまな契約を締結しています。それらの契約も、基本的には民法上の契約であります。そして、民法によれば、契約自由の原則により、誰とどのような方法で締結するかについて、当事者の自由な選択に委ねられているはずですが、地方公共団体の締結する契約に関しては、住民の利益を守り、かつ、公正を求められるところから、地方自治法、地方自治法施行令、その地方公共団体の規則などにより、特別な規律の下に置かれています。関係者は、そのような規律を正しく理解しなければならないことはもとよりですが、運用面においては個別の地方公共団体あるいはその職員が工夫をする余地も少なくないようです。法令等による規律の正確な理解と個別地方公共団体、あるいはそれを支える職員の工夫、この二つのことが契約実務に携わる方々に求められているように思われます。

　この度、井出勝也氏が『エキスパート養成のための　地方公共団体・公法人「契約実務」講座』を著わされました。契約実務の要点を明快に説くと同時に、地方公共団体の職員が知りたくても容易に情報を得られなかった事柄にも触れられています。まさに、痒いところに手の届いた解説が施されています。このような本書は、地方公共団体の契約関係業務に携われる職員にとっては、まさに待望の書であると思います。

　このような著作が可能とされたのは、著者の東京都における長い実務経験に裏打ちされていることはいうまでもありません。私も、著者の井出氏とは、同氏が東京都財務局契約調整担当部長を務めておられていた時以来の、長いお付き合いになりますが、同氏の深い知識にいつも敬服の念を抱いて参りました。しかも、井出氏は、広い視野から契約実務を見ようとされています。そのような広い視点が、本書においても随所で活かされているように思われます。

　本書について、とくに二つのことを指摘しておきたいと思います。

　一つは、地方公共団体の職員の方々も、かつてに比べますと、異動が頻繁で、契約実務について日の浅い職員が多い昨今ですので、そのような方々が、要点を適確に理解するのに適した書物であるということです。

もう一つは、地方公共団体の契約について、一工夫したいと考えている職員にとっては、そのヒントを得られる書物であるということです。この点においては、ベテラン職員の方々にもお薦めしたい内容の書物であります。
　このような本書は、各人が個別に読むのみならず、それを基に討論しあうのにも適した内容を含んでいるように思われます。
　本書を、地方公共団体の関係職員の方々に広くお薦めする次第であります。

　平成23年6月

明治大学法科大学院教授
東 京 大 学 名 誉 教 授
碓井　光明

「まえがき」にかえて（本書の使い方）

　本書は、「基礎知識」「入札手続」「応用・工夫の実際」および「資料」の4章から構成されています。
　「第1章　基礎知識」では、はじめに「公調達のルーツ」をたどることにしました。
　それは、明治の近代化のルーツと一致しています。その次の激変は太平洋戦争によってもたらされ、その終戦直後に公布・施行された日本国憲法に「第8章　地方自治」の規定が設けられ、地方自治法が憲法と同日施行されることによって我が国の地方自治制度がスタートし、ひいては今日の地方分権・地方主権の隆盛につながり、地方公共団体への期待が増大しているところです。
　そして、地方公共団体が市民の期待に応えるには、厳しい財政見通しを前提にすると、現在の社会経済の特性をいかした「外部資源の有効活用」、いいかえると「ツールとしての契約」を活用した問題対応とその解決が有効と考えます。
　ところで、人事異動等で地方公共団体（法人）の契約事務を担当することになったとき、法人の契約事務担当者としての経験のある人はほとんどいないというのが実情で、不安に感じる人が大多数であろうと思います。
　そこで、多くの職員は地方公共団体の契約ルールを修得しようとして、地方自治法および地方自治法施行令（以下「自治令」といいます。）などに規定されている契約制度を学習しようとします（このことは第2章の入札手続で解説）。しかし、地方自治法第234条などの地方自治法および自治令に定められた契約関係規定は、「私法上の契約に共通するルール（契約自由の原則など）」の例外を規定したもので、条数も多くはありません。そして、この知識だけでは、地方公共団体の契約事務担当者が保持すべき知識・経験としては不十分といえます。
　ところが、意外なところに対策はあって、それは地方公務員が社会人（自然人）として社会生活をしたたかにおくることにヒントがあるのです。つまり、現在の社会生活では契約社会の中で生活することになり、「人間は生まれながらに自由で平等である」という考え方をもとにして

いる「契約自由の原則」を意識するまでもなく、市場メカニズムの中で「ツールとしての契約」を活用しているのです。

したがって、地方公共団体の職員は、地方公共団体（法人）の契約事務担当者としての経験は少ないが、自然人としての経験を少なからず保有していて、それは当然ながら法人にも共通のルールなのです。

このことから、契約担当者が守るべきルールを「契約全体に共通するルール」と「地方公共団体（法人）独自のルール」とに分類し、「契約全体に共通するルール」を「基礎知識」で解説することとします。

「第2章　入札手続」では、「地方公共団体（法人）独自のルール」として地方自治法および自治令に規定されている地方公共団体の契約制度について解説してあり、そこではポイントが3つあります。

一つめは、法令等に定められた地方公共団体独自のルールは「契約全体に共通するルール」の例外規定や補足規定であることを十分に認識すること。

二つめは、「契約自由の原則」の例外を定める特則について、その「意義と考え方」だけでなく、自治令に定められている厳格な手続も同様に重要であり、これにより適切な制度運用が可能になることを理解すること。

三つめは、法令に規定されていないことに出会ったら「契約全体に共通するルール」に戻ること。

です。

次に重要項目として、

㋐　地方自治法に定める一般競争入札の手続を含めた適正な運用

㋑　「最低落札の原則」と「自動落札の原則」の適正な運用、「最低落札の原則の例外」、特に「総合評価方式」の制度的な意義と広範な運用の可能性への留意

㋒　指名競争入札の適正運用に係る「指名選定」時の発注者の「恣意性の除去」、「透明性の高いシステム」への取組み

があります。

地方公共団体の契約実務に当たっては、その制度が地方公共団体だけのものではなく、パートナーである受注者側の制度であることを常に念頭におくことと、地方公共団体が自己の強い立場を主張しすぎることを慎むことが、「契約自由の原則」にかなうことになることを忘れないでほしいと思います。

「第3章　応用・工夫の実際」では、事柄や視点の異なるいくつかのテーマの事例をとりあげており、一見すると不可能ともいえる課題をク

リアするための創意工夫や緻密な仕組みづくり、新しい課題への対応事例などを「課題の整理」「応用・工夫」「手続」「コメント」に分類整理して解説してあります。そこでは、課題解決過程における柔軟な発想の展開、契約手続の保守性の排除など、積極的な努力の蓄積による成果と課題解決へのヒントを見ることができると考えます。

　ところで、地方公共団体の契約実務においては、担当者が契約制度に定められた手続を適切に進めることでおおむねその責務は達成できますが、契約手続により課題解決しようとすると、意外な障害に出会ったり、ときには乗り越えることが困難とも思える壁が立ち塞がることがあり、前に進めずにギブ・アップしたくなることがあります。そのようなときに、第3章に掲げた事例の中に熱意やヒントを見出し、挫けそうな気持ちを激励され、課題解決に向けた積極的な姿勢や取組みを取り戻すきっかけとなることを期待しています。

　最後の「資料」では、関係法令などを可能な限りコンパクトに収録しました。

　以上が本書の概要ですが、これらの意図が実現し得たかどうかは自信のないところではありますが、地方公共団体の契約事務担当の職員各位の実務上の参考資料となれば望外の喜びです。

　平成23年6月

　　　　　　　　　　　　　　　　　　　　　　　　　井出　勝也

目次 エキスパート養成のための 地方公共団体・公法人「契約実務」講座

推薦のことば
「まえがき」にかえて（本書の使い方）

第1章 基礎知識

Ⅰ 地方公共団体における契約の役割 —— 2
1. **地方分権（地方主権）の拡大傾向** …… 2
2. **社会的な環境の変化** …… 2
   (1) 明治の近代化 …… 2
   (2) 地方自治制度のスタート …… 3
   (3) 世界有数の近代国家・日本 …… 3
3. **地方公共団体への期待** …… 4
   (1) 厳しい財政見通し …… 4
   (2) 外部資源の有効活用 …… 4
   (3) 最少の経費で最大の効果を …… 5
   (4) ツールとしての「契約」とその有効活用 …… 5

Ⅱ 契約の主体（当事者） —— 7
1. **自然人** …… 7
2. **法人** …… 7

Ⅲ 契約事務担当者が守るべきルール —— 8
1. **契約全体に共通するルール** …… 8
2. **地方公共団体（法人）独自のルール** …… 9

Ⅳ 契約自由の原則（私的自治の原則） —— 10
1. **契約自由の原則** …… 10
2. **実質的平等の確保** …… 10
3. **契約自由の原則に対する制限事例** …… 12
   (1) 契約締結の自由に対する制限 …… 12
   (2) 相手方選択の自由に対する制限 …… 12
   (3) 契約方式の自由に対する制限 …… 12
   (4) 契約内容の自由に対する制限 …… 12

V 地方公共団体独自のルール ─────────────13

1. 契約締結の方式 ……………………………………13
(1) 一般競争入札方式の優先 …………13
(2) 運用の実態 …………………………13
(3) 一般競争入札方式のプラス・マイナス …………14
(4) 今日的課題 …………………………14

2. 契約を締結する権限 …………………………………15
(1) 長の代表権 …………………………15
(2) 臨時的代理 …………………………15
(3) 分権的な組織 ………………………15

3. 契約書の作成と契約の確定 …………………………16
(1) 民法上の契約 ………………………16
(2) 地方公共団体の契約の確定 ………16
(3) その他 ………………………………17

4. 最低落札の原則 ………………………………………17
(1) 最低落札の原則と自動落札の原則 …………17
(2) 最低落札方式の例外 ………………18
① 最低制限価格制度 …………………19
② 低入札価格調査制度 ………………20
③ 総合評価方式 ………………………21
④ 公共工事品質確保促進法 …………21

5. 周辺情報収集の必要性 ………………………………22

【論点整理－1】
　　工事請負契約と売買契約との相違 ……………………23
【論点整理－2】
　　契約議案 ……………………………………………26

第2章　入札手続

Ⅰ　一般競争入札 —————————————————— 32
　　【手続きフロー】
　1．**一般競争入札の方法** ……………………………33
　⑴　競争入札参加者の資格 ……………………………33
　①　身分上の資格 ……………………………33
　②　経営上および技術上の資格 ……………………………34
　⑵　公　告 ……………………………34
　⑶　入札と開札 ……………………………35
　①　入　札 ……………………………35
　②　開　札 ……………………………35
　⑷　契約保証 ……………………………36
　⑸　契約書の記載事項 ……………………………37
　⑹　検査および監督 ……………………………38
　①　検査および監督の目的 ……………………………38
　②　検　査 ……………………………38
　③　監　督 ……………………………38
　④　検査の方法 ……………………………39
　⑤　検査の時期 ……………………………39

Ⅱ　指名競争入札 —————————————————— 40
　　【手続きフロー】
　1．**指名競争入札の方法** ……………………………41
　⑴　指名競争入札の意義と特質 ……………………………41
　⑵　指名競争入札のメリットとデメリット ……………………………41
　⑶　恣意性の除去 ……………………………42
　⑷　法令上の位置づけ ……………………………42
　⑸　指名通知 ……………………………43
　2．**事例研究** ……………………………43

Ⅲ　随意契約 —————————————————— 46
　　【手続きフロー】
　1．**随意契約の方法** ……………………………47
　⑴　随意契約の意義 ……………………………47

⑵　法令上の位置づけ（自治令第167条の２）……………47
　　①　少額随契 ……………………………47
　　②　不　適 ……………………………48
　　③　政策的配慮（その１） ……………………………48
　　④　政策的配慮（その２） ……………………………48
　　⑤　緊　急 ……………………………48
　　⑥　不　利 ……………………………49
　　⑦　著しい有利 ……………………………49
　　⑧　入札後随契 ……………………………49
　　⑨　落札者が契約を締結しないとき ……………………………49
　⑶　見　積 ……………………………49
　2．事例研究 ……………………………50

Ⅳ　せり売り ——————————————————52
　1．せり売りの方法 ……………………………53

Ⅴ　WTO 特例政令 ——————————————————54
　【手続きフロー】
　1．WTO 特例政令による入札の方法 ……………………………55
　⑴　ガット体制 ……………………………55
　⑵　WTO 調達協定の成立 ……………………………55
　⑶　WTO 特例政令 ……………………………55
　2．手　続 ……………………………56

第3章 応用・工夫の実際

＜入札手続＞
- メンテナンス契約での「準備契約」の応用 ……………58
- 給付数量未確定での「単価契約」の応用 ……………61
- 道路補修契約での「複数単価契約」の応用 …………64
- 企画提案方式……………………………………………67

＜契約手続＞
- 契約変更…………………………………………………70
- 契約解除…………………………………………………75

＜議会対策・その他＞
- 契約議案の審査…………………………………………79
- 契約議案の否決…………………………………………81
- 暴力団排除条例…………………………………………84

資　料

- 日本国憲法〔抄〕………………………………………88
- 地方自治法〔抄〕………………………………………89
- 地方自治法施行令〔抄〕………………………………95
- 公共工事の入札及び契約の適正化の促進に関する法律 ……………………………………………………102
- 公共工事の入札及び契約の適正化の促進に関する法律施行令〔抄〕………………………………………107
- 公共工事の品質確保の促進に関する法律 ……………110
- 地方公共団体の物品等又は特定役務の調達手続の特例を定める政令 ……………………………………114
- 地方公共団体の物品等又は特定役務の調整手続の特例を定める政令第３条第１項に規定する総務大臣の定める区分及び額 ………………………………118
- 政府契約の支払遅延防止等に関する法律 ……………119
- 政府契約の支払遅延に対する遅延利息の率を定める件 …………………………………………………122

- ●建設業法〔抄〕 …………………………………………123
- ●建設業法施行令〔抄〕 …………………………………125
- ●入札談合等関与行為の排除及び防止並びに職員による入札等の不正を害すべき行為の処罰に関する法律〕 …………………………………………………126

第1章
基礎知識

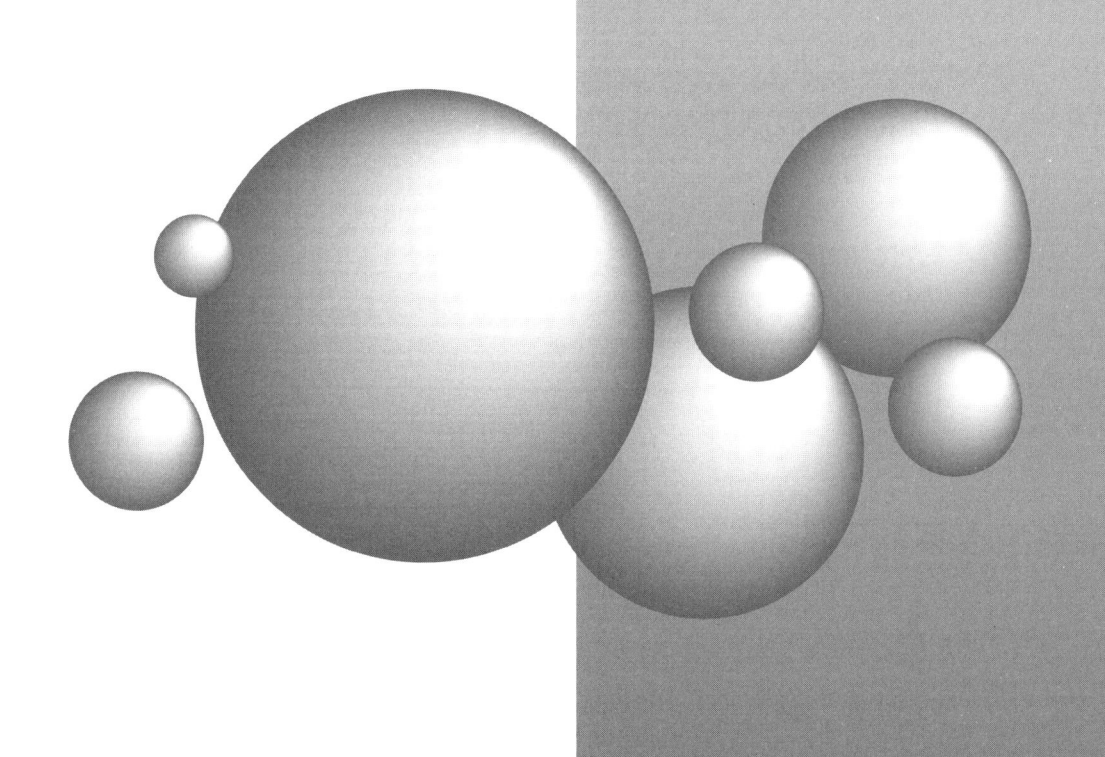

I 地方公共団体における契約の役割

1. 地方分権（地方主権）の拡大傾向

　　近代化のスタートは、明治維新の未発達な我が国をいかに先進諸国に追いつかせるか、しかも、ハイスピードでというところにありました。

　　そんな課題を、我が国自体の存亡をかけて実行し、その結果、一定の成果をあげることができたのです。

　　そして、そこで活用された手法は「中央集権」であり、少ない人材で、短期間に課題を達成するためには有効だったということができます。

　　ある意味効率的なシステムである中央集権手法は、国家行政の重要部分で活用され続けましたが、「地方分権」も徐々にではありますがその重要性が認識され、日本国憲法では独自に章を設けて「地方自治の基本」が定められました。

　　近年においては、この地方分権が政治の世界でも大きな争点となり、地方分権の拡大が改革派の証とされ、我が国の基幹的システムの中に着実に定着してきていることに注目すべきであるといえます。

　　一方、産業政策の基本方針も、国が安全のイロハを詳しく定める詳細基準方式（基準に従っていれば免責される）による中央集権的コントロールから、安全を機能として求める機能性基準方式（結果責任）に改められ、産業界の自己責任を前提とする規制緩和が経済社会の大きな流れとなって、熟成社会が進展しているといえます。

2. 社会的な環境の変化

(1) 明治の近代化

　　明治維新の激変と情熱の中で、近代国家を建設しようとする志の下、

先進諸国の実情を多面的に学習し、日本が受け入れるべき理想のモデルを選定して日本的なシステムに整理するなど、多くの政治家や若き優れた法律家たちの全身全霊をかけた努力が積み重ねられました。そして、その苦労の成果として、明治22（1889）年に「大日本帝国憲法」が制定され、翌年には帝国議会が開設されて近代国家の礎が築かれました。

一方で、同時期に公調達の基本法である「会計法」が公布され、今日的な視点からも、早い時期に会計法が制定されていることに驚かされます。

当時の契約締結方式については、一般競争入札を原則としつつも現実には一般競争入札はほとんど活用されず、随意契約が主となっていました。明治33（1900）年に、勅令により指名競争入札が追加され、多くの場合は指名競争入札の活用が実務となっていましたが、この指名競争入札方式が一定の定着をみた後に会計法が改正されました。

このように、明治期に制定された公調達の基本法である「会計法」は、その後一部改正はなされたものの、その基本は今日でも堅持されている長命の法律であるということができます。

その一方で、明治期に参考にした先進諸外国の公調達のルールは、時代とともに変遷して、我が国の会計法が定めるルールとは大きく乖離していることに注目しています。

⑵ 地方自治制度のスタート

太平洋戦争敗戦後の昭和21（1946）年11月3日に「日本国憲法」が公布され、翌22（1947）年5月3日に施行となりました。

日本国憲法には、「国民主権」「三権分立」「基本的人権の尊重」などの特徴があり、なかでも「第8章　地方自治」第92条では「地方公共団体の組織及び運営に関する事項は、地方自治の本旨に基いて、法律でこれを定める。」と規定されています。

これを受け、地方自治法が昭和22（1947）年4月17日に公布され、同附則第1条「この法律は、日本国憲法施行の日から施行する」との規定により、日本国憲法と同日施行されていますが、この地方自治法に規定された「契約関係規定」が、基本的には長命な法律である「会計法」と同一内容となっているのは法律の宿命であるということができます。

⑶ 世界有数の近代国家・日本

今日の我が国の状況を概括すると、人口1億人を超える大国の中で、もっとも安全で社会秩序が維持されていて、国民皆保険制度をバックに

医療保健サービスが一定の水準で整備されている一流国ということができます。

一方、地方公共団体の契約担当者の視点からは、内外を含めて市場メカニズムが有効に機能している世界有数の近代社会であるというのが最大のセールスポイントであると考えます。

そして、極東の島国が今日の水準を維持することや、他の課題をクリアするには、相当程度の勤勉さと向上心が求められているということができます。

3. 地方公共団体への期待

(1) 厳しい財政見通し

我が国の社会経済は、戦後の高度経済成長による経済発展と国ならびに地方公共団体による公衆衛生の向上、乳幼児死亡率の低下、結核など感染症の克服、生活習慣病対策などの結果、世界に誇る長寿社会が実現しています。

一方、約40年前の昭和45（1970）年に高齢人口比率（総人口と65才以上の高齢人口の比率）が7パーセントを超え、国連の基準によれば「高齢化社会」に入りました。その後、平成6（1994）年には14パーセントを超えて「高齢社会」に進み、平成19（2007）年には高齢人口比率は21パーセントを超え「超高齢社会」に突入し、世界でもトップレベルの水準になっています。しかも、この変化には100年間以上を要するのが一般的であるのに対し、我が国は他に例をみない4倍というハイスピードで到達してしまいました。

また、経済についても「バブル経済の経焉」とともにマイナス成長か僅かなプラス成長を目指す状況となっています。

(2) 外部資源の有効活用

明治時代の北海道開発は、当初直営方式で実施されました。そこでは、基本構想、実施計画、原材料の手配、労務者の確保までのすべてが役所の仕事であり、有能な技術者の下に集中させることで一定の成果もあげましたが、重大な汚職事件も発生しました。これに比べ、今日の我が国は世界有数の近代国家で、市場メカニズムも有効に機能しているといえます。

地域においても、一定の能力を有する民間企業が存在し、5年前では進出していないような企業が新しい分野に企業生命をかけて素早く活動を始めているのに気づくのに努力はいらないということができます。

一方で、その地域に必要とされる企業などの外部資源が存在しなくても、少し広い目で見ると、従来とは異なる地域の新しい外部資源が見えてくるだろうと思います。

地方公共団体の職員、地方公務員が役所内部に精通しているのは珍しいことではなく、よくあることといってもいいですが、役所外の外部情報、地域の情報に精通するのは、組織内に目を向けている人々にとってはそれほど簡単なことではありません。

地域の情報に目を集中し、新しい芽を見逃すことなく、適切なパートナーを求めて日常活動をすることが、いまの地方公務員に求められているといえます。

(3) 最少の経費で最大の効果を

百年に一度といわれる世界不況の下で、国内の企業経営は厳しく、失業率や社会全体の中での格差が増大し、しかも、格差が固定化する状況が進んでいます。

他方、国の財政においては、国債依存率が先進諸国の中でも最高となり、地方公共団体においては生活保護世帯が激増しています。

このようなとき、「最少の経費」のみに着眼したリストラは、本質的な解決に結びつかなくなっているといえ、特に、地方公共団体においては、セーフティー・ネットへの期待が増大し続ける現状に立ち向かうとき、「安かろう、悪かろう」では問題解決に結びつかないのは明らかです。

地方自治法第2条第14項に「地方公共団体は、その事務を処理するに当たつては、住民の福祉の増進に努めるとともに、最少の経費で最大の効果を挙げるようにしなければならない。」と規定されていますが、「最少の経費で最大限の効果を」とする指導理念に、今日の我が国の企業、公共を問わず立ち戻るべきであると考えます。

(4) ツールとしての「契約」とその有効活用

我が国が世界有数の近代化社会として機能するための主要な仕組みは、私有財産制、市場メカニズム、民主主義ですが、「広義の契約」はそれぞれの仕組みと大きく関わりあっています。

財産上の「契約」に限定して考えても、ツールとしての「契約」がな

くては市民の生活は維持できず、企業もその活動が成立しないほどです。このことは、都市生活者ほど自給自足ではなく他人依存的に生活しており、他者に依存することの多くは「契約」を介して行われているのが実態です。

　そして、地方公務員が地域のマネジメント機能を果たすためには、ツールとしての「契約」と身近な関係にあるわけで、市民の消費者被害の救済などを想定すると、より積極的に関係を持ちたいものであり、ましてや、地方公共団体が厳しい財政状況の中で地域の要望や熱い期待に応えていくことを前提に考えると、その職員としては、地域の外部資源を活用していくツールとしての「契約」を有効に活用するノウハウを習得することが、今日的で重要な課題であるということができます。

II 契約の主体（当事者）

1. 自然人

　法的な社会ルールは、人が社会的な存在として生活していくためのものですから、自然人が権利の主体になりうるのは当然ですが、ここでは財産法上の契約を締結できる能力を有する者を考えることとします。

　なお、超高齢社会の進行に伴い、禁治産者・準禁治産者制度が改正されるなど一定の改善がなされ、先進諸国の私法ルールとして一定の水準に達することができたところといえます。

2. 法　人

　地方公共団体については、地方自治法第2条第1項に「地方公共団体は、法人とする。」と規定されており、法人格を有するのはいうまでもありません。

　我が国の法律的な権利義務関係を考えるとき、自然人と比べて大きな比重を持つのが法人制度です。営利法人については、会社法が大改正され、従来の株式会社とほぼ同数存在する有限会社も含め株式会社に統合されているほか、最低資本金、役員などについて大幅な改正がなされています。

　また、公益法人制度は、その制度のあり方を含めた制度改正がなされ、新たに公益法人制度改革関連3法が制定・施行され、法施行後5年間の経過期間中にあります。

III 契約事務担当者が守るべきルール

　「『まえがき』にかえて」でも述べたとおり、人事異動等で地方公共団体の契約事務を担当することになったとき、法人の契約事務担当者としての経験のある人はほとんどいないというのが実情で、不安を感じる人が大部分だと思います。

　ところで、自然人は「契約の主体」と「契約事務の担当者」とが同一なので、自然人としての契約経験と法人の契約事務担当者としての経験とは基本的に同質なものと考えれば、地方公務員で契約締結などの契約事務にかかる経験の少ない人はいないといっても過言ではないのではないでしょうか。

　そして、その契約事務担当者が守らなければならない「ルール」とは、「契約全体に共通するルール」と「地方公共団体（法人）独自のルール」に大別されるということができます。

1. 契約全体に共通するルール

　身分社会や契約社会成立前の戦国時代の「人質」や「信頼関係」のあり方を思い浮かべると、今日の「約束を守ること」が社会的な合意として成立するのはそんなに古いことではないといえます。

　人が自分の意思で契約を締結し、締結した契約を誠実に守ることが当然だとする社会が成立するには、近代社会の「市民としての経験の積み重ね」が必要でした。

　いいかえると、契約の両当事者が対等の立場で契約を締結し、その契約を信義誠実に履行することが社会的ルールとなること、すなわち契約社会になることが期待されていたといえるのです。

　なぜなら、契約を守ること、具体的には契約の両当事者が対等の立場を維持することの困難さや、契約履行に当たっての障害の発生などを100％なくすことは難しいですが、ツールとしての「契約」以外に当事者の自由で多様な意思と選択によってこれだけ効果的な成果を生むツー

ルは、現在のところ存在しないからです。

契約全体として共通するルールは、「約束を守る」ことなど契約社会の成立に基礎をおくものが多く、幅の広いもので、その存在を実感することができないほどそこで生活する人にとっては必要不可欠なものとなっています。

したがって、自然人として習得している契約全般のルールを、法人の契約担当者として十分に活用することがもっとも効果的な対応策で、一夜漬けの勉強での対応策よりはるかに有効であるといえます。

2. 地方公共団体（法人）独自のルール

それぞれの法人には、法人独自のルールがあるのが一般的であり、その内容は「契約全体としてのルール」の例外を規定するものや、補足をするものがほとんどです。そして、組織内を律するため「説明責任」が義務づけられることがあります。

同様に、地方公共団体においても法人独自ルールが定められており、地方自治法「第6節　契約」中の第234条、第234条の2、第234条の3の規定がそれで、これらは、私法上の一般ルールの例外を定めるものと、補足するものと考えられています。

また、契約手続についても自治令第167条以下に厳格なルールが規定され、地方公共団体には当然ながらこれらの規定を厳守する義務があります。

そして、自治令第173条の2に基づき、地方公共団体の長は、財務に関し必要な事項は規則で定めることが想定されており、現に地方公共団体には多くの規則が既にあり、また必要に応じて改正されることを忘れてはならず、ここでもまた地方公共団体の職員は規則を遵守する義務があります。

地方公共団体の契約の本質的な特徴は、その財源が税にあり、「最少の経費で最大の効果を」説明する責任があるということですが、法人独自ルールを守ることで、説明責任が軽減されることになることが多いということができます。

Ⅳ 契約自由の原則
（私的自治の原則）

1. 契約自由の原則

　私法上の法律関係に関しては、国家はできるだけ干渉せずに、個人がその自由意思に基づいて自立的に法律関係を形成することができるという原則が、いわゆる「私的自治の原則」です。そして、私法関係を個人の自治に委ねようとする考え方を、契約にあてはめたのが「契約自由の原則」です。

　各人は、私的生活においてその意思に基づいて自由に契約を締結することができ、㋐契約を締結するか否かの自由、㋑契約の相手方を選択する自由、㋒どのような契約方式でもとり得る自由、㋓契約内容をどのようにも定めることのできる自由を包含しています。

　この原則は、「人間は生まれながらにして自由で平等である」という考え方に基づくもので、詐欺や脅迫がなく、自由な意思で契約を締結したときは、自己の責任において信義誠実にその契約を遵守する義務を負うことになります。

　契約自由の原則は、多くの市民革命の積み重ねの成果であり、宗教的な契約、政治過程における社会契約とともに近代社会の基礎をなし、私有財産制や市場メカニズムなどとともに、社会発展の原動力となっているといえます。

2. 実質的平等の確保

　私法上の法律関係において、前述の四つの自由を含め契約自由の原則が幅広く認められ、定着することによって、自由な生活と創意に基づく活動を促し、エネルギーあふれる社会の実現に寄与していることは高く評価されるべきです。

　しかし、資本主義の高度化に伴い、経済的強者が自己に有利な契約を

相手方に強いるという不公正な事態も発生してきています。我が国においても、不公正な事態を回避し、実質的平等を確保するために、必要に応じて契約の自由を制限する立法措置がとられています。

しかしながら、契約の自由の制限については慎重に検討されるべきで、なぜなら私人が自由な意思で締結した契約を、自己の責任で信義誠実にその契約を遵守することの大切さを忘れてはならないからです。そして、このことについては、かつて体験したエピソードを想い出すのです。

それは、北欧の福祉先進国の指導者が来日した際のことでした。高齢消費者が関係する契約トラブルが続発していたときのことだったのですが、北欧の指導者に質問するチャンスを得て、『貴国では高齢者の消費者被害にどのように対応しているのですか。』と質問したところ、その指導者は『その高齢者は、契約に際して詐欺や強迫を受けたのですか。もし、それらがなかったのであれば、その高齢者は自分の締結した契約を守るのが第一義的な責務だと思います。』と応答したのです。

そこには、成熟した福祉社会のリーダーの「契約社会」への熱く厳しい姿勢が見てとれるといえます。

3. 契約自由の原則に対する制限事例

(1) 契約締結の自由に対する制限

- 生活必需品・サービス供給契約における応諾義務
  （水道法、電気事業法、ガス事業法、鉄道営業法、医師法等）
- 消費者保護のためのクーリング・オフ制度
- 借地借家法における建物買取請求権

(2) 相手方選択の自由に対する制限

- いわゆるクローズドショップ制をとっている場合における労働協約締結の相手方となる労働組合
- 都道府県における公金の収納または支払事務に係る一金融機関の指定義務（指定金融機関）

(3) 契約方式の自由に対する制限

- 消費者保護・契約適正化のための契約書作成義務（建設業法第19条）
- 地方公共団体が関わる契約での契約書への記名押印による契約の成立

(4) 契約内容の自由に対する制限

- 契約内容が公序良俗に反する場合の契約の無効（民法第90条）
- 強行規定違反の契約の無効（利息制限法、借地借家法）

Ⅴ 地方公共団体独自のルール

1. 契約締結の方式

(1) 一般競争入札方式の優先

　地方公共団体が締結する私法上の契約は、地方自治法第234条第1項に「一般競争入札、指名競争入札、随意契約又はせり売りの方法により締結するものとする。」と規定し、同条第2項で、「指名競争入札、随意契約又はせり売りは、政令で定める場合に該当するときに限り、これによることができる。」と契約締結方式を定めるとともに、一般競争入札を優先する旨を規定しています。

　地方公共団体の契約は、常に公正かつ合理的に処理することが求められ、適正妥当に実施されなければならないことから、契約締結方式の特則が定められているのです。

　一般競争入札は、入札参加資格を有する者に入札の機会を均等に与え、資格のある者には誰にでも公平に門戸が開放され、不特定多数の相手方の中からもっとも適切と思われる者を選定することができるシステムで、経済性の原則に照らしても優れているといえます。

(2) 運用の実態

　一般競争入札を第一優先とする考え方は、明治22（1889）年の会計法制定時から一貫しており、昭和22（1947）年の地方自治法も同様の立場をとっています。

　しかし、実際には、明治時代から昭和の地方自治法施行以降も一貫して、一般競争入札はほとんど活用されてこなかったのです。

　その後、平成5（1993）年に、指名競争入札方式の誤った運用が一因となり、複数の知事が関連した汚職事件が発生し、これに大物政治家の事件が続いて発生し、これらの事故防止の観点から「公共工事に関する入札・契約の改善」が実行に移され、一般競争入札方式の本格的な活用

が図られたというのが実情です。

　なお、同時期にガット（GATT）からWTO協定へ向けての国際的な検討がなされていて、国際ルールに適合する競争入札方式が模索されていたという背景もありました。

(3) 一般競争入札方式のプラス・マイナス

　会計法制定時において、一般競争入札方式を原則としたのは、当時の西欧先進国の模倣と推察されます（輸入先の先進諸国はその後改正を重ね、現在は「総合評価方式」を採用しています。）。

　当時の我が国は、やっと明治憲法が制定され、帝国議会が開設された頃で、市場メカニズムは未発達であり、活用可能な外部資源も不十分な状況で、一般競争入札を有効活用する環境にはなかったと考えられます。

　また、一般競争入札方式は時間的に緊急の場合には間に合わず、このため臨機応変の処置はとりがたく、公告や入札に手数や経費がかかりました。それに加えて、低廉第一主義が強調されやすく、履行能力に疑問のある悪質な業者が参加する恐れもありました。

　発注者としてもっとも重要な課題は、直近に同種・同規模案件で優良な履行成績を有している企業に対しても他の企業と均一な取扱いをせざるを得ないことで、「最少の経費で最大の効果を期待できる」蓋然性の高い事柄にインセンティブを付与できないということにあります。

(4) 今日的課題

　重大事故発生の直後に、一般競争入札方式の透明性・客観性に光をあて、事故防止への緊急避難的な措置としてそれに対処しようとするのは十分に理解できるところです。

　しかし、90年以上にわたり、指名競争入札方式を原則として活用してきたことへの歴史的な考察、本質的な分析の実施等の必要なプロセスを抜きにして、一般競争入札によってすべてが解決されるがごとき見解には賛成しがたいといえます。

　品質が市場メカニズムの中で保証されている大量生産の商品については、価格に注目した最低落札方式で問題ないですが、完成品をみないで契約を締結する請負契約では、「安かろう、悪かろう」を回避し、「やる気と能力」のある企業に良い仕事をしてもらうための環境整備、発注者としての創意と工夫は、日常生活で生鮮食品を選ぶことを想起するだけでも明白であると思います。

こういったことから、発注者は受注者を選別の対象としてとらえがちですが、発注者も選別されているのだということを忘れてはならないでしょう。

そして、一般競争入札方式のデメリット、例えば、低廉第一主義の強調に対しては、柔軟で多様な「総合評価方式」を組み合わせるなど、適切な契約締結方式を模索する発注者の真摯な姿勢が問題解決への方途であると考えます。

2. 契約を締結する権限

(1) 長の代表権

地方公共団体で契約を締結する権限を有する者は、「地方公共団体の長」です。地方公共団体の長は、地方自治法第147条により統括権と代表権を有しています。

「統括権」は、地方公共団体の事務の全般に総合的統一を確保する権限で、「代表権」とは、外部に対して地方公共団体の意思を表示するなど当該団体の行為となる意思表示をなす権限であるといえます。

なお、地方公共団体の長の行為は直ちに地方公共団体の行為となります。また、地方公共団体の長は、当該団体の事務を管理し、執行する権限を有し（同法第148条）、その担当事務の一つが議会の議決を経た予算を執行することで、契約の締結もその中に含まれます（同法第149条第2項）。

(2) 臨時的代理

地方公共団体の契約を行う権限は、原則として長のみが有しますが、長に事故があったり長が欠けたときは、副知事や副市町村長がその職務を代理することになっています（地方自治法第152条）。

(3) 分権的な組織

地方自治法第153条第1項によれば、地方公共団体の長は、その職務権限に属する事務の一部を補助機関の職員に委任することができる旨の定めがあり、これに注目すべきです。

すなわち、地方公共団体の運営に当たり、その規模が小規模に留まる場合は契約締結権限を長のみが保有することも可能でしょうが、規模が

大きくなるにつれ、権限を分散する分権型の組織づくりを指向する傾向がみられ、このことは法人・団体等の組織論に共通する原則だろうと思われます。

具体的には、事業部制的な組織のトップや事業所の所長に委任することが効果的で、自己の名と責任において契約を締結することが可能になり、また、そうすることにより、分権的な組織をつくり、機動的な組織運営が可能となります。

なお、地方公共団体の内部的な意思決定権限を権限委譲することも多くの団体でみられますが、内部的な権限委譲と対外的な権限委譲は、その性格が大きく異なることに留意すべきです。

3. 契約書の作成と契約の確定

(1) 民法上の契約

契約は、相対立する当事者の意思が合致することで、両当事者の合意、すなわち「申込み」と「承諾」の意思が合致すればそれだけで法律上有効に成立するものです。

契約の効力の発生にはなんら要式行為を要しませんが、契約に際して契約書が作成されることが多いといえ、これは契約の成立とその内容を証拠づけることが目的であって、成立した契約そのものの効力には関係がないものです。

「申込み」は到達主義により相手方に到達したときに効力を生じ、相手方の「承諾」さえあれば、直ちに契約を成立させようとする意思表示です。したがって、確定的なものでなければなりません。そして、入札公告のようなものは、「申込み」ではなく「申込みの誘引」に過ぎないといわれており、「承諾」は申込みに対してなされるもので、発信主義によりその通知をしたときに効力が生じることになっています。

(2) 地方公共団体の契約の確定

従来、地方公共団体が当事者となって契約を締結する場合で、契約書を作成する場合の契約成立の時期について争いがありました。

この争いは、昭和35（1960）年5月24日の最高裁判決が「国が当事者となり売買等の契約を競争入札の方法によって締結する場合に、落札者があったときは、国及び落札者は、互いに相手方に対し契約を結ぶ義務

を負うに至るが、この段階では予約が成立するにとどまり、本契約は、契約書の作成によりはじめて成立すると解すべきである。」との判断を示したことで終結しました。

その後、会計法および地方自治法が改正され、地方自治法第234条第5項で「普通地方公共団体が契約につき契約書〔中略〕を作成する場合においては、当該普通地方公共団体の長又はその委任を受けた者が契約の相手方とともに、契約書に記名押印し、〔中略〕なければ、当該契約は、確定しないものとする。」と定められました。

なお、この規定は民法上の一般原則に対する特例を定めるもので、契約書を作成する場合の地方公共団体の契約は、両当事者の合意のみで成立するものではなく、両当事者が契約書に記名・押印してはじめて成立することになりました。

(3) その他

地方公共団体が当事者となって契約を締結する場合で、契約書の作成を省略する場合には、民法上の原則に戻って両当事者の意思の合致により契約は成立します。

また、競争入札の場合にあっては、落札者を決定したときに契約は成立し、随意契約の場合にあっては、承諾の意思表示が発せられたときに契約は成立することになります。

なお、契約書の作成を省略する場合であっても、重要な契約事項は、請書や協定書などで明らかにしておくことが望ましいでしょう。

4. 最低落札の原則

(1) 最低落札の原則と自動落札の原則

地方公共団体が、競争入札により契約を締結しようとする場合、もっとも有利な条件を提示した者と契約を締結する原則を明白な数字の形で表わしたのが「最低落札の原則」です。

具体的には、物品購入など地方公共団体にとって支出の原因となる契約については、予定価格の制限の範囲内で最低の価格をもって入札した者が落札者になるというもので、しかも、そこでは意思決定を必要とせず、予定価格の制限の範囲内で最低の価格をもって入札した者が確認されれば、その者への落札が自動的に決定する「自動落札方式」が採用さ

れています。

> (契約の締結)
> 第234条　1・2〔略〕
> 　3　普通地方公共団体は、一般競争入札又は指名競争入札(以下この条において「競争入札」という。)に付する場合においては、政令の定めるところにより、契約の目的に応じ、予定価格の制限の範囲内で最高又は最低の価格をもって申込みをした者を契約の相手方とするものとする。ただし、普通地方公共団体の支出の原因となる契約については、政令の定めるところにより、予定価格の制限の範囲内の価格をもって申込みをした者のうち最低の価格をもって申込みをした者以外の者を契約の相手方とすることができる。

「最低落札の原則」や「自動落札の原則」は、社会の一般的なルールだと錯覚しやすいが、実は必ずしも一般的ではありません。

経済が未発達な時代では、品物が手に入るか否かが重要課題で、価格が安ければ満足でしたが、生活水準が高くなり、物が溢れ飽食の時代と呼ばれるようになると、「安い」ことへのウエイトは相対的に低くなり、選択の基準として価格以外の要素が重要な役割を果たすようになってきました。

また、民間の取引事例の多くは、最低の入札があった場合でもその後に減価交渉が行われており、自動落札方式の採用例はほとんどありません。

そのような中で、地方自治法が「最低落札の原則」と「自動落札の原則」を定めているのは、地方公共団体にとってもっとも有利な条件を提示した者を選択しようとしたものであり、「不正行為が発生しにくく」「最少の経費で最大限の効果を」「数字のみ」の説明で説明責任を果たしやすく、発注者が過剰な要求をしないシステムであるということができ、競争入札制度の公正性を保障する仕組みである自動落札方式は、実務上も便利なものなのです。

(2) 最低落札方式の例外

地方公共団体の支出の原因となる契約についての最低落札方式の例外として、「最低制限価格制度」「低入札価格調査制度」「総合評価方式」が定められています(地方自治法第234条第3項ただし書、自治令第167

条の10、第167条の10の2）。

① 最低制限価格制度

　「最低制度価格制度」は、最低落札の原則の代表的な例外システムで、競争入札により「工事又は製造その他についての請負」契約を締結しようとする場合に認められているものです。

　この制度が地方公共団体に導入されたのは、昭和38（1963）年の地方自治法改正で、一般的には『東宮御所低入札事件』を契機としているといわれています。対象となる請負契約は、当初「工事又は製造の請負契約」に限定されていましたが、平成14（2002）年3月の自治令改正で「工事又は製造その他についての請負契約」となり、請負契約全般に拡大されたもので、自動落札方式を維持しつつ、最低落札の原則の例外として地方公共団体のみに認められている実務上も活用しやすいシステムであるということができます。

　法的根拠としては、自治令第167条の10第2項に「当該契約の内容に適合した履行を確保するため特に必要があると認めるときは、あらかじめ最低制限価格を設けて、予定価格の制限の範囲内で最低の価格をもって申込みをした者を落札者とせず、予定価格の制限の範囲内の価格で最低制限価格以上の価格をもつて申込みをした者のうち最低の価格をもつて申込みをした者を落札者とすることができる。」と規定しています。

　活用要件を整理すると、㋐競争入札により、㋑工事または製造その他についての請負契約、㋒当該契約の内容に適合した履行を確保するため、㋓特に必要があるときの四つの要件があり、この4要件をすべて満たすときに「最低制限価格制度」を活用することができます。

　制度的背景としては、工事請負契約などにおいて不適正な履行がなされたとき、その内容からやり直しがきかず、また仮にやり直しても社会経済的に損失が大きく、地方公共団体にとって不測の損害を被るおそれがあるという理由から設けられたものと考えられてきました。しかも、自動落札方式の範囲内での仕組みでもあるので実務的に利用しやすく、多くの地方公共団体がその必要に応じて活用しています。

　ところで、この最低制限価格制度にも短所があり、それは制度そのものに内在するものだということができます。すなわち、最低制限価格以上の一番安い札は落札で、最低制限価格を1,000円でも下まわれば失格になるわけですが、このことを適正履行の確保の観点から落札と失格の入札を比較したときに、適正履行の決定的根拠を説明し得ないということで、この短所は実務的利便性の代償であるといえます。

　したがって、この方式の欠点を熟知したうえで活用すべきで、運用に

当たっては最低制限価格を知ることができなくするか、推測を困難にすることが肝要で、このことを心がけて制度の適正な運用を図るべきであると考えます。

なお、WTO（世界貿易機関）に基づく「地方公共団体の物品等又は特定役務の調達手続の特例を定める政令」が適用される契約については、最低制限価格を設けることができず（特例政令第9条）、国際的ルールに従うこととされているので注意が必要です。

② 低入札価格調査制度

最低落札の原則のもう一つの例外である「低入札価格調査制度」については、自治令第167条の10第1項において「一般競争入札により工事又は製造その他についての請負の契約を締結しようとする場合において、予定価格の制限の範囲内で最低の価格をもつて申込みをした者の当該申込みに係る価格によつてはその者により当該契約の内容に適合した履行がなされないおそれがあると認めるとき、又はその者と契約を締結することが公正な取引の秩序を乱すこととなるおそれがあつて著しく不適当であると認めるときは、その者を落札者とせず、予定価格の制限の範囲内の価格をもつて申込みをした他の者のうち、最低の価格をもつて申込みをした者を落札者とすることができる。」と規定しています。

この制度は、国の制度と同一の制度で、近年WTO特例政令の対象案件をはじめ都道府県および政令指定都市のみならず活用例が増加してきています。

活用要件は、㋐競争入札により、㋑工事または製造その他についての請負契約、㋒当該契約内容に適合した履行がなされないおそれがあると認めるとき、またはその者と契約を締結することが公正な取引の秩序を乱すこととなるおそれがあると認められるときであるが、実務においてこのシステムを活用するためには、事前に㋒の「当該契約内容に適合した履行がなされないおそれがあると認めるとき」等の基準を定めることが必要です。

そして、この制度を活用する場合の留意事項としては、地方公共団体の競争入札の重要な要素である「自動落札方式」を放棄することとなることですが、不合理な低入札があったときに、その内容の合理性を調査し、もし不合理であると判定されたときはその者を失格とし、次順位の者を落札者とするシステムであり、理論的には納得できるものといえます（WTO案件にも活用できる。）。

しかし、この制度にも短所があり、それは「不合理」の決定を画一基準ではなく、個別契約ごとに調査し、決定しようとするところに内在し

ており、実務上失格の判定をすることが非常に困難であり、客観的判定であることの説明の壁につき当たるとともに、時間の経過は多様な意見を誘発し、その判定の困難さを加重する危険性があるということです。

すなわち、実務においては活用しにくいシステムで、国をはじめ失格判断基準の設定を試行するほどで、調査項目・基準や審査機関の設定など条件を整備する必要があります。

また、いわゆる低入札価格調査制度以外に「公正な取引の秩序を乱すこととなるおそれがあつて著しく不適当であると認めるとき」にも、個別審査型の最低落札方式の例外が定められていて（自治令第167条の10第1項後段）、このシステムの位置づけは必ずしも明確ではありませんが、公序良俗に照らし疑問のある場合を指すものとされています。

③ 総合評価方式

「総合評価方式」は、国において会計法および予算決算及び会計令に基づき先行して導入されていたもので、地方公共団体においてもこの方式の実施が可能となるよう平成11（1999）年2月に自治令の改正が行われ、第167条の10の2が追加されました。このため法令の規定の仕方は異なっていますが、基本的に国の制度と同一のものです。

根拠規定である自治令の内容は、当該契約がその性質または目的から自動落札方式により難いものであるときは、予定価格の制限の範囲内の価格をもって申込みをした者のうち、価格その他の条件が当該地方公共団体にとってもっとも有利なものをもって申込みした者を落札者とすることができるというものです。

この「総合評価方式」を地方公共団体が活用する際の留意事項としては、まず第1に、その対象契約を的確に選定すべきこと、第2に、「落札者決定基準」を定めオープンにすること、第3に、適切な学識経験者の意見を聴くことです。

④ 公共工事品質確保促進法

特筆されるのは、「公共工事の品質確保の促進に関する法律」（以下「公共工事品確法」という。）が議員立法で提案され、平成17（2005）年3月に自民、公明、民主の3党合意のうえ成立し、同年4月1日から施行したことです。

この法律が、議員立法により極めて短期間のうちに成立した背景には、公共工事の落札者が価格だけで決まる価格偏重の風潮に対する疑念と、その是正が喫緊の課題だというコンセンサスが議員にあったことが考えられます。

この法律は、従来の「価格競争」から「価格と品質で総合的に優れた

調達」への転換を図ることを目指す画期的なものといえます。すなわち、売買契約の目的物は一般的に工場製品であり、しかもその品質は市場メカニズムにおいて一定の証明がなされています。

これに対して、工事請負契約は契約時点では成果品が存在しておらず、公共工事の品質は、目的物が使用されて初めて確認できるもので、受注者の技術的能力に負うところが大きく、個別の工事により条件が異なること等の特性を有しているため、工事請負契約の目的物の「品質確保」は、売買契約のそれとは本質的に異なっています。そして、この品質確保のための工夫やシステムへの要請が、「公共工事品確法」成立の背景といえるのです。

公共工事品確法は、議員立法によくみられる理念先行型の法律で、抽象的な規定が多いことは否めませんが、先進ヨーロッパ諸国の公共工事契約制度改革の動向と同一方向にあることに留意すべきであると考えます。

このようにして制定された「公共工事品確法」に対する地方公共団体の対応は鈍いですが、地方公共団体の運営原理が「最少の経費」に限定されるものではなく、「最少の経費で、最大の効果」にあることの基本に立返って考えれば、公共工事品確法の目指す方向は歓迎すべき環境整備といえます。

各々の地方公共団体の人的・物的装備の状況を考慮した上で、多様な総合評価方式が検討されるべきで、その際には民間事業者の能力を適切に評価し、民間事業者の積極的な技術提案を活用する基本姿勢が、公共工事の発注者に必要とされる資質であるといえます。

5. 周辺情報収集の必要性

昨今では、契約締結方式についてその良し悪しが多く議論されています。注目を集め、多くの議論がなされることは好ましい傾向ですが、システムそのものだけに注目することは誤りで、契約に係る人々が周辺情報を積極的に収集し、その実行に当たっては、誠実さと慎重さをもって臨むのでなければ適切な結果を望むことはできません。すなわち、当事者の熱意と細心さが伴わなければ、どの方式も十分に機能しないといえます。

【論点整理－１】
　　　　　　工事請負契約と売買契約との相違
１．難しい契約と易しい契約
　　地方公共団体の契約事務において、もっとも多く登場するのは、物品を買入れる売買契約と土木工事などの工事請負契約です。
　　この２種類の契約には、相異点が多くあることに驚かされます。

２．契約の目的
　(1)　物品の売買
　　　今日の経済社会において、売買の対象となる物品は、まれな例外を除くと大半は工場で大量生産された規格品の商品です。したがって、デフォルメすれば物品の売買は商品の売買だといえます。

　(2)　工事請負
　　　工事請負契約は、特定の工事場所において、施主の注文に従って特定の目的物を完成させることを請負うもので、今日の社会では少数しか存在しない目的物をオーダーメイドで完成させるものです。

３．契約の相手方
　(1)　物品の売買
　　　競争入札の参加者を選定する際のポイントは、当該契約の規模を示す物品の数量の取扱い実績の有無と当該物品取扱いの得手・不得手の調査です。
　　　目的物の数量は、工場生産され、大量流通の商品としての性格を念頭におけば、取引実績と著しく違うことがない限り大きな要素としなくてよいでしょう。
　　　商品の特性から導かれるのは、当該商品に精通し、その取扱いを得意としていることが最重要のポイントです。

　(2)　工事請負
　　　競争入札の参加者を選定する際の留意点は、工事の種別、工事内容、工事場所の得手・不得手はもとより、工事規模が重要な要素になります。
　　　なぜなら、特定の工事現場において、オーダーメイドで目的物

を完成させる工事請負の特性を考えると、工事現場の地域特性に適した特注品の目的物を完成させるには、実績を含めた履行能力が重要であるからです。

　このことから、地方公共団体の契約実務においては、工事の発注標準金額や等級別格付という仕組みが必要となるのです。

4．品質の確保
(1) 物品の売買

　売買の対象が大量生産された商品で、市場メカニズムにサポートされている状況から、商品の品質についてもマーケットに保証されているといえます。

　なぜなら、マーケットに流通している商品で、市場から排除されずに商品として流通し続けているものは、一定レベルの品質だからといえ、まれに、取引きされた商品にキズがあったとしても、他の商品（新品）と取り替えるのが一般社会のルールとなっています。

　このように、商品の品質についてはおおむね安心してよいでしょう。

(2) 工事請負

　工事契約の規模と工事期間は、他の契約と比べて著しく大規模で、また長期間にわたります。施工後に不良工事が発見された場合は、技術面でも、金銭面でも、工期の面でも、その補修が困難である特徴を有しているため、施工中の管理に十分に注意を払い、適切な監督、検査が不可欠です。

　工事請負のオーダーメイド性について、目的物によってはその特徴を主張せずに、規格を統一し、品質のよいものを可能なかぎり安価に提供するという試みがあります。建設プロセスについても、部品の工場生産化、プレハブ化が進んでいるのも事実ですが、工事請負の特異性を本質的に変更させるほどのものではありません。

　その結果として、工事請負のもっとも注目すべき特徴は、契約時点では完成物が存在しないことで、それを前提として契約された目的物の品質を確保することは、熱心になればなるほど難しい課題です。契約期間中には、予想外の事態の発生による契約変更、災害対策、近隣対策など多くの難題が存在します。

5．納 品

(1) 物品の売買

　　商品の売買であっても、履行完了時点での完了の確認、検査に一定の注意を払いたいものです。しかし、実務においては、品質についての特性を勘案してのサンプリング検査と数量確認を実施することが多くみられます。

(2) 工事請負

　　工事請負契約の困難性を念頭に、竣工時点の履行の確認は、竣工検査を単独で考えずに、工事施工中の監督、中間検査等と総合的に対応を図るべきで、その不確実性に留意し、瑕疵担保責任の設定のみならず、必要に応じて保証期間の活用にも注意したいものです。

●コメント●

　「物品の売買契約」と「工事請負契約」には、多くの相異点が存在します。

　大量生産の工場製作物は、品質を含めた規格の均一化が進み「物品の売買契約」は「より易しい契約」となり、一方「工事請負契約」は、多面的にとらえても「難しい契約」で、注意すべきポイントが多くあります。

　そして、これだけ相異点のある2種類の契約を、同一の法令や規則、基準でコントロールすることの妥当性が疑問となり、それぞれ別の契約手続の設定も検討されるべきとの方向性をもって「公共工事品確法」が制定されたことは一歩前進と考えます。

　また、難しいタイプの契約には、「工事請負契約」以外に、シンクタンク等を相手方とする「調査委託契約」などがあり、拡大傾向にあります。これは、従来地方公共団体が内部で直営的に処理してきたものが、アウト・ソーシングされる場合の契約に多くみられ、注意を要すると考えています。

　要は、「易しい契約」と「難しい契約」とをその特性に着眼して区分し、発注者の保有する機能とエネルギーを配分して契約の目的を達成することが、地方公共団体の基本姿勢といえましょう。

【論点整理－2】
契約議案

1．議会と長の関係

　地方公共団体における「議会」と「長」の関係は議決機関と執行機関で、それぞれ役割の異なる対等な機関として地方自治法は位置づけており、与えられた権限を行使して円滑な地方自治の発展に資する仕組みになっています。

　「長」に対しては、時宜を得た行政の執行あるいは臨機応変な行政執行が求められる一方で、重要な事項についてはできる限り議会のチェックを受けることを期待して、地方自治法第96条第1項各号で議会の議決事項を定めています。

　議決事項として列挙されているものには、「条例の制定」や「予算の決定、決算の認定」などの周知度の高いものもありますが、それぞれが長と議会との関係を表現しているものです。

2．契約議案と事件議案

　地方自治法第96条第1項第5号で、「その種類及び金額について政令で定める基準に従い条例で定める契約を締結すること」と規定し、長が締結する契約のうち一定の契約については、政令で定める基準に従い条例の定めるところによって、議会の議決を得なければならないこととされており、この規定に基づき付議する議案を「契約議案」と呼びます。

　また、地方自治法第96条第1項第8号では、「その種類及び金額について政令で定める基準に従い条例で定める財産の取得又は処分すること」と規定し、長が取得または処分する財産のうち一定のものについては、政令で定める基準に従い条例の定めるところによって議会の議決を得なければならないこととされており、この規定に基づき議会に付議する議案を「事件議案」と呼んでいます。

　契約議案について、地方自治法は「契約を締結することの是非」について議会の議決を要することと定めており、この規定に基づき付議しなければならない契約の種類および金額は、自治令第121条の2第1項および別表第3に定められています。

　同様に、事件議案について、地方自治法は「財産の取得又は処分することの是非」について議会の議決を要することと定めており、この規定に基づき付議しなければならない財産の取得または処分の

種類および金額は、自治令第121条の2第2項および別表第4に定められています。

これを受けて、地方公共団体は各々の実情に応じて基準を定めることになりますが、政令で示された基準はあくまで「最低基準」であることと、法の趣旨に留意すべきです。

なお、「契約議案」および「事件議案」の議会への提案権は、その性質上長に専属し、議会はその審議において可決または否決することができるが、議案を修正することはできないと解されています。

そして、「契約議案」が議会で否決された「仮契約されている契約」については、長は契約を締結することができないことになり、仮に契約を締結しても無効と解されています。

(注) 地方公営企業の場合は、地方公営企業法第40条第1項の規定により地方自治法第96条第1項第5号および第8号の規定は適用しないものとされており、議会の議決を要しないこととされています。

3．再付議

地方公共団体が行う契約の締結は、長の権限に属するものであり、長は成立した予算に基づき、予算の執行として契約を締結することができるというのが原則です。

しかし、重要な契約の締結など地方公共団体に重大な影響を及ぼす経済行為に関しては、常に適正に行われるよう、議会の審議を経ることとされています。このシステムは国にはないシステムで、背景には、国は議院内閣制を採用しているのに比べ、地方公共団体の長は大統領制の直接選挙が採用されていることがあると考えられます。

地方自治制度の中には、住民監査請求（地方自治法第242条）、住民訴訟（地方自治法第242条の2）など英米法特有ともいえる制度が採用されており、日本の地方自治制度が米国の影響を受けているのは、疑う余地がありません。このシステムから、地方議会と長とのバランスでより適切な地方行政運営への期待を読みとるべきでしょう。

4．手続

契約議案は、「契約を締結することの是非」について議会の議決を経ることを目的としていることから、議会に付議する時点で、あ

らかじめ契約の相手方および契約金額などが特定されていなければならないことになります。

このため、契約議案を議会に付議する際には、「当該契約案件は、議会の議決を要する契約である旨を明示し、適正な契約手続を執行したうえで、契約締結を予定している相手方と仮契約」を締結しておく必要性がでてくるのです。この仮契約の法的性格は、単なる「予約」と考えられ、議会の議決後に、改めて契約を締結することになります。

契約議案にどのような事項を盛り込むかについては、一般的に、㋐契約の目的、㋑契約締結方法、㋒契約金額、㋓契約の相手方などのほか、㋔工期や工事場所などです。

5．もうひとつの課題

契約議案として議会に付議し、議決を経て締結した契約について、契約変更を行う必要が生じた場合にどのような手続きをとればよいのかについては、特に明文化されていません。法の精神から考えると、各々の地方公共団体で「議会」と「長」との権限の調整を図ることが必要で、議会と長の協議あるいは事実上の話し合いが必要となります。

ここで、2つのケースを想定して検討してみましょう。

①地方議会の条例が、特に重要な案件に限定して議会に付議することとし、実績が年間1件程度の場合は、当該案件の契約変更をすべて再付議するルールは、合理的で法の精神に合致していると考えます。
②地方議会の条例が、一定レベル以上の案件を議会に付議することとし、年間100件程度の付議実績がある場合に、当該案件についての契約変更の中で、重要なものにかぎり再付議するとしたルールも、合理性があると考えます。

いずれにしても、地域事情に合致する内容の議会と長との取扱いルールが期待されています。

●コメント●
議会と長との取扱いルールの具体例として、最初に考えられるのが、

「議会の議決に付すべき契約に関する条例」の中に、契約変更についての取扱ルールを定める方法です。この方式の欠点は、昭和38（1963）年の法改正時に示された「条例準則」にこれを想定した条項がなかったため、その当時に条例を制定した地方公共団体には選択肢となりえなかったことです。

次に考えられるのが、地方自治法第180条に基づく「議会の委任による専決処分の指定」を受けること。そして、「軽易な事項」に該当するとして、議会の委任による専決処分に指定した場合は、「専決処分をしたときは、〔中略〕長は議会に報告しなければならない。」と規定されていることにも留意すべきです。

議会と長の間でルールがない場合は、議会の議決を経た契約について、「議決を経た事項の変更については、すべて再付議すべき」との見解があります。

ところで、条例を議会で議決する場合、議案は条例そのものであり、条例の文言を一言でも変更するときは、当然ながら、当該条例を改正する条例により議会の審議を受けて決定することになります。

条例におけるこのルールを契約議案にあてはめると、提案して決定された契約議案の文言に変更のある契約変更は、再付議することを要することになります。

この考え方によると、契約議案に記載されていない事項の契約変更は、再付議対象とならない。したがって、「工事内容が大幅に変更になった」が契約金額は同額で変更されない場合は、再付議する必要がないことになります。

しかし、実務においては、工事内容が大幅に変更となった重要案件（契約議案）を常任委員会などに報告しないことは想定しがたいのです。

このように、契約議案に条例モデルのルールをあてはめること自体、無理が生じるようにも考えられ、それぞれの地域事情にマッチした取扱いルールの存在が重要となります。

第2章
入札手続

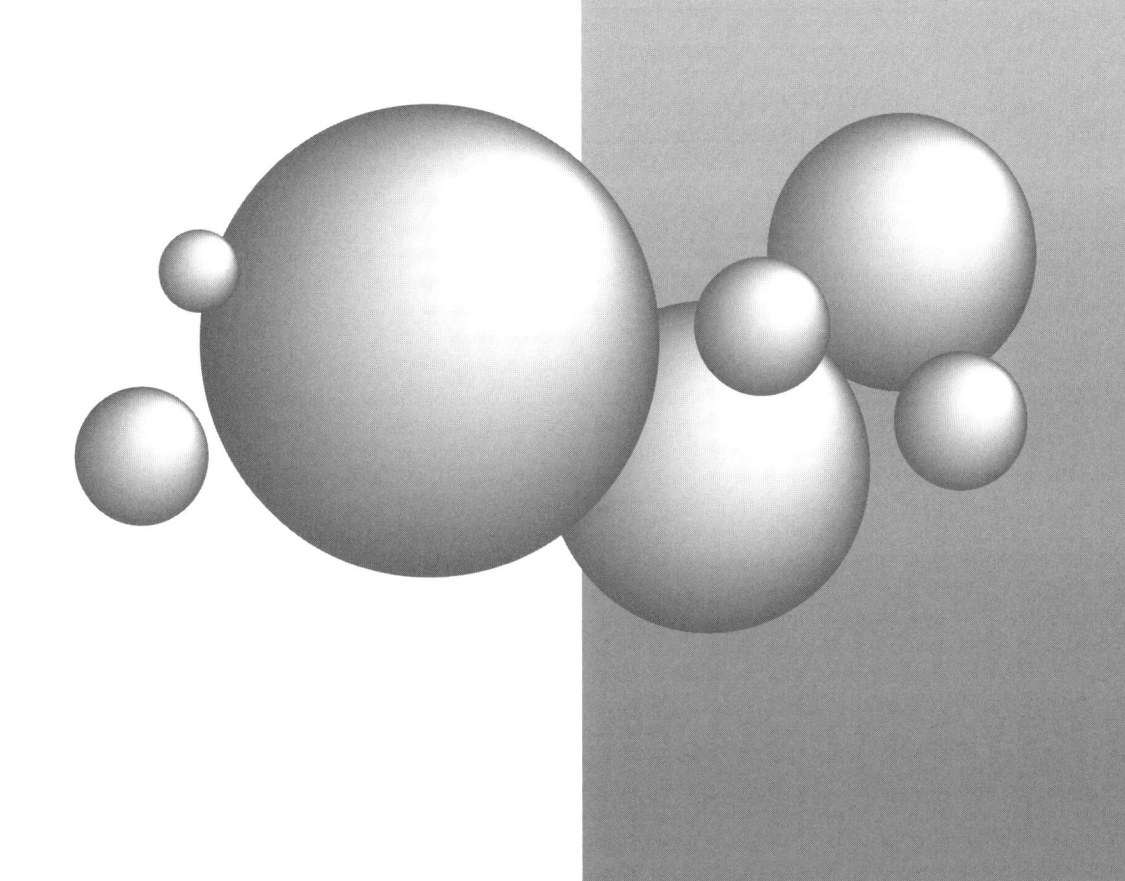

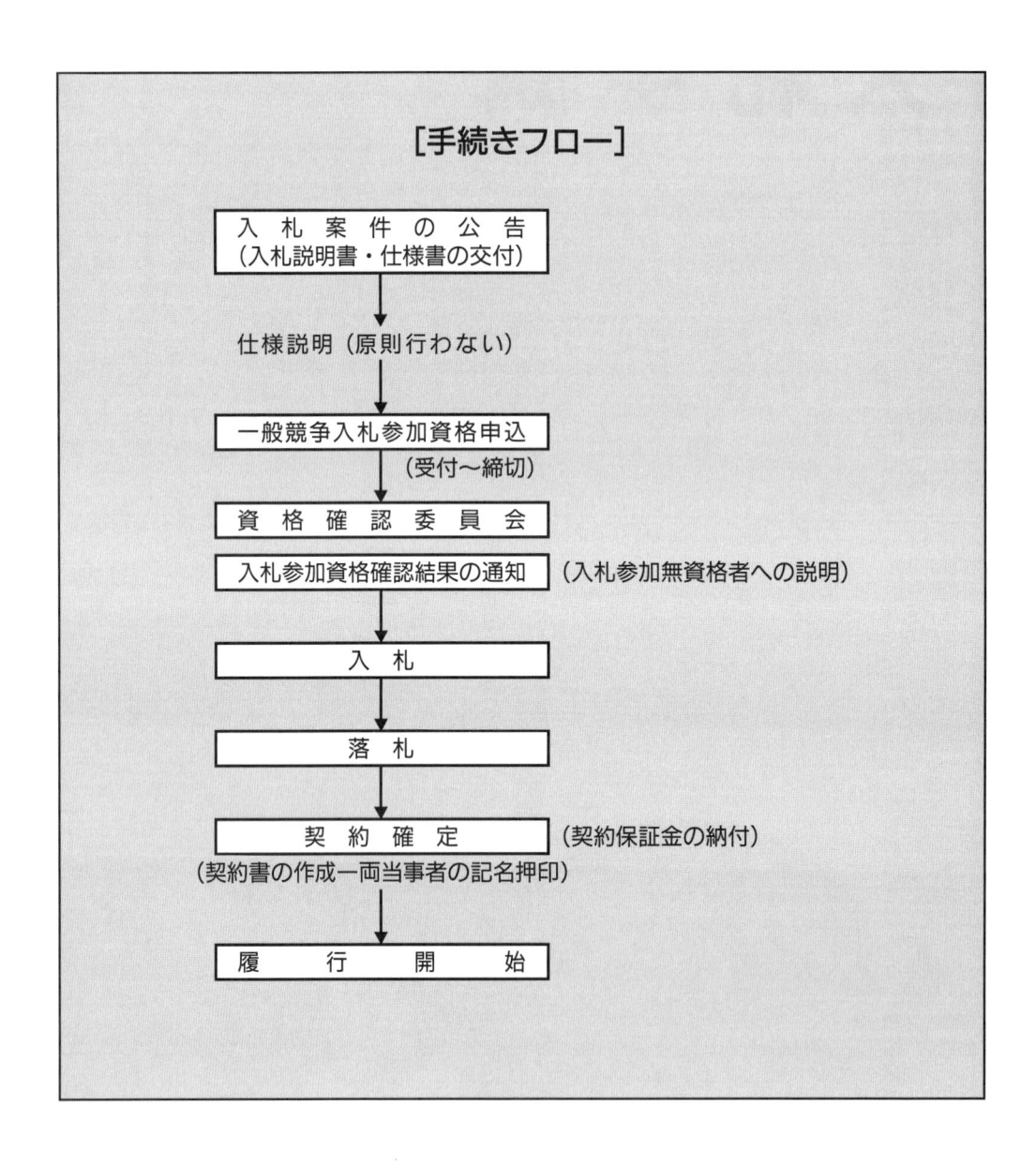

1 一般競争入札

[手続きフロー]

```
入札案件の公告
(入札説明書・仕様書の交付)
        ↓
   仕様説明（原則行わない）
        ↓
一般競争入札参加資格申込
     (受付～締切)
        ↓
    資格確認委員会
        ↓
入札参加資格確認結果の通知  (入札参加無資格者への説明)
        ↓
       入 札
        ↓
       落 札
        ↓
     契 約 確 定        (契約保証金の納付)
(契約書の作成―両当事者の記名押印)
        ↓
     履 行 開 始
```

1. 一般競争入札の方法

(1) 競争入札参加者の資格

　一般競争入札は、不特定多数の者の参加を求め、地方公共団体にもっとも有利な価格で申込みをした者を契約の相手方とする方式です。

　この方式は、公正性と機会均等に特徴があり、原則として公開で行うことにより不正が行われることを防ぐ仕組みですが、不信用・不誠実な者が入札に参加して公正な競争の執行を妨げるおそれがあり、資力・信用のある者が落札者となるかどうか、その者が確実に契約を履行することが期待できるかどうか等の不安が残るものといえます。

　このため、地方自治法第234条第6項に「競争入札に加わろうとする者に必要な資格〔中略〕は、政令でこれを定める。」と規定し、自治令第167条の4以下に競争入札参加者の資格を定めています。

① 身分上の資格

> ㋐　競争入札に係る契約を締結する能力を有しない者（入札に必要な意思決定能力を欠く者）
> ㋑　破産者で復権を得ない者
> ㋒　自治令第167条の4第2項に基づく入札参加禁止中の者
> 　地方公共団体との契約に関し、一定の不正・不当の行為があった者は、3年を上限として一般競争入札に参加させないことができる（平成20（2008）年3月から、入札参加禁止期間が従来の2年から3年に延長された。）。
> 　a　契約の履行に当たり、故意に工事もしくは製造を粗雑にし、または物件の品質もしくは数量に関して不正の行為をした者
> 　b　競争入札またはせり売りにおいて、その公正の執行を妨げ、または公正な価格の成立を害し、もしくは不正の利益を得るために連合した者
> 　c　落札者が契約を締結することまたは契約者が契約を履行することを妨げた者
> 　d　地方自治法第234条の2第1項の規定による監督または検査の実施に当たり職員の職務の執行を妨げた者

> e　正当な理由がなく契約を履行しなかった者

　なお、これらの者を代理人、支配人その他の使用人として使用した者についても同様とされます。

② 経営上および技術上の資格

　経営上および技術上の資格として、自治令第167条の5、第167条の5の2に次のように規定されています。

> 「地方公共団体の長は、〔中略〕必要があるときは、一般競争入札に参加する者に必要な資格として、あらかじめ、契約の種類及び金額に応じ、工事、製造又は販売等の実績、従業員の数、資本の額その他の経営の規模及び状況を要件とする資格を定めることができる。」
> 「前項の規定により、一般競争入札に参加する者に必要な資格を定めたときは、これを公示しなければならない。」
> 「地方公共団体の長は、一般競争入札により契約を締結しようとする場合において、契約の性質又は目的により、当該入札を適正かつ合理的に行うため特に必要があると認めるときは、〔上記経営上〕の資格を有する者につき、更に、当該入札に参加する者の事業所の所在地又はその者の当該契約に係る工事等についての経験若しくは技術的適性の有無等に関する必要な資格を定め、当該資格を有する者により当該入札を行わせることができる。」（傍点は著者）

　いずれにしても、競争入札参加者の資格は発注者がもっとも注意を払うべきもので、形式的な要件ではなく、履行能力を判定できるようなものが必要です。

　なお、過剰に厳しい要件を定めることは、一般競争入札の精神に反することになりかねないので注意が必要です。

(2) **公　告**

　地方公共団体の長は、一般競争入札に参加する者に必要な資格を定めたときは、これを公示しなければなりません（自治令第167条の6）。

　すなわち、入札に参加する者に必要な資格、入札の場所および日時その他入札に必要な事項を公告するとともに、入札に参加する者に必要な資格のない者のした入札および入札に関する条件に違反した入札は無効とする旨を明らかにしておかなければならないというもので、公告の方法については、法令に別段の制限がないので、公報、新聞、掲示その他により、広く一般に周知でき得るような手段であればよいとされています。

なお、公示期間、いいかえると受注者にとっての見積期間については、必要十分な期間がセットされていることが、入札内容ひいては契約内容を向上させることに寄与すると考えられるので、発注者として、十分に留意すべきであるといえます。その際には、建設業法施行令第6条に規定されている見積期間に注目すべきです。

> ⑦工事の予定価格が500万円未満の工事　　　　　　　　1日以上
> ⑦工事の予定価格が500万円以上5,000万円未満の工事　10日以上
> ⑦工事の予定価格が5,000万円以上の工事　　　　　　　15日以上
> ※ただし、⑦と⑦の期間は5日以内に限り短縮することができる。

(3) **入札と開札**

① 入　札

　入札しようとする者は、入札書に必要な事項を記載し、記名押印のうえ、所定の時間内に入札しなければならず、いったん提出した入札書の書換え、引換えまたは撤回をすることはできません（自治令第167条の8第2項）。これは、民法第521条に「承諾の期間を定めてした契約の申込みは、撤回することができない。」と規定されているのと同趣旨です。

　入札参加資格のない者の行った入札が無効であるのは当然ですが、それ以外でも、入札の条件に違反した入札は無効とされます。

　入札が無効となる場合（瑕疵ある入札）としては、次のようなものがあります。

> ・入札書記載の金額や意思表示の本人の氏名、その他入札要件の記載が確認できないもの
> ・入札書に記載された金額を訂正したもの
> ・入札書に記名押印のないもの
> ・入札者の資格に制限がある場合において無資格者のしたもの
> ・その他特定事項に違反したもの

　なお、これら入札と開札に関連する定めについては、競争入札説明書（競争入札参加者心得書）などで周知に努める必要があります。

② 開　札

　開札は、入札後直ちに入札者を立ち会わせて行いますが、入札者が立ち会わないときは、当該入札事務に関係のない職員を立ち会わせなければなりません（自治令第167条の8第1項）。

なお、立ち会わない入札者に代って立ち会う職員の人数については、入札事務の公正を確保できる限り、必ずしも入札者に1人ずつでなくても差し支えないと解されています。

開札をした場合に、各人の入札のうち予定価格の制限の範囲内の価格の入札がないときは、直ちに再度入札をすることができ（自治令第167条の8第3項）、この再度入札は、当初の入札が継続しているものと考えての仕組みです。

また、落札となるべき同価の入札をした者が2人以上あるときは、直ちに当該入札者にくじを引かせて落札者を定めなければならないとされていますが、この場合、くじ引きを拒否することは許されず、くじを引かない者があれば、入札事務に関係のない職員が代わりにくじを引くこととなっています（自治令第167条の9）。

(4) 契約保証

契約保証は、従来、国の工事請負契約において「工事完成保証人制度」が採用されてきましたが、平成5（1993）年の不祥な事件を契機に廃止され新しい履行保証制度が検討されて、工事履行保証証券、いわゆる履行ボンド制が導入されました。

金銭保証による履行保証として「契約保証金」がありますが、これは減免を認められる場合を除き契約の相手方に納付させるもので、地方公共団体の規則で定める率または額を納めさせなければなりません。各々の地方公共団体では、契約金額の100分の10と定めることが多く、現金、国債の納付または地方公共団体の長が確実と認める担保の提供をもって行われています。

契約保証金は、契約が履行されることを保証するものですから、契約の相手方が契約上の義務を履行しないときは、「賠償額の予定」として当該地方公共団体に帰属することになります。

ただし、損害賠償または違約金について別段の定めをしたときは、その定めるところによるとされています。

そして、これらについては契約条項で規定しておくことが必要です。契約条項で定めることによって、債務不履行による損害が「予定賠償額」を超えることがあっても、「予定賠償額」以外にその請求はできず、また、その反対の場合も差額を返還する必要はありません。

また、地方公共団体が契約条項で別段の定めをしている事例としては、工事請負契約における違約金を工事未完成部分の10分の1に軽減する例がみられます。

(5) 契約書の記載事項

　契約書の記載事項としては、「契約の当事者」「契約の目的」「契約金額」「契約保証金」「契約違反の場合の措置」「その他必要な事項」ですが、地方自治法および自治令には規定がなく、地方公共団体の規則で定めることとされています。

　これに対し建設工事請負契約では、建設業法第19条に契約書作成義務と契約書記載事項が定められており、また、建設業法第34条に基づき、工事請負契約の権利義務関係の明確化・適正化のため中央建設業審議会が「公共工事標準請負契約約款」を決定し、各発注者にその実施を勧告しています。

　公共工事の発注者は、従来から、自ら発注する工事の請負契約書を独自に定めています。中央建設業審議会が勧告する約款を「標準約款」と呼び、地方公共団体が定めた契約約款を「実施約款」と呼ぶことが多く、この実施約款は、地方公共団体の財務規則等に定められている基本的事項を盛り込みつつ、標準約款に準拠して定められている例が多いといえます。

　地方公共団体の実施約款は、地域特性に配慮しつつも、原則的には標準約款に準拠することで、発注者・受注者平等の原則に立った権利義務関係の明確な約款となるようなシステムとなっています。

　具体的な契約書記載事項をあげると、次のとおりです。

- ■ 契約の当事者（記名押印）
- ■ 契約の目的
- ■ 契約金額
- ■ 契約の期間（履行期限）
- ■ 契約保証金
- ■ 契約違反の場合の措置
- ■ 検査の時期、引渡しの方法
- ■ 契約解除
- ■ 対価の支払いの時期

工事請負契約については、さらに次のものが付加されます。

- ■ 前払金、出来高払いの方法
- ■ 工事中止、設計変更、一括下請の禁止
- ■ 不可抗力による損害負担、瑕疵担保責任、スライド条項

⑹ **検査および監督**

① 検査および監督の目的

　地方公共団体の契約制度には、「公正性の確保」「経済性の確保」「適正履行の確保」の三つの原則がありますが、契約事務にかかわる職員は、ともすると公正性、経済性、透明性の確保を強調しがちです。しかし、契約の本来の目的は、適正履行の確保（契約の目的の達成）であって、この目的が達成されなければ、いかに公正性、経済性などが確保されていても地方公共団体の契約としては適切なものとはいえません。

　公正に選定した適正な業者により競争入札が行われ、予定価格の制限の範囲内で最低の価格を提示した入札者を落札者として契約を締結したとしても、適正な履行がなされなかったときは、結果的に業者の選定が適正でなかったことになってしまうからです。

　契約の適正履行の確保が地方公共団体の契約にとって極めて重要なことから、地方自治法第234条の2第1項で「地方公共団体が工事若しくは製造その他についての請負契約又は物件の買入れその他の契約を締結した場合においては、当該普通地方公共団体の職員は、政令の定めるところにより、契約の適正な履行を確保するため又はその受ける給付の完了の確認〔中略〕をするため必要な監督又は検査をしなければならない。」と規定し、契約の適正履行を確保するために、検査や必要な監督を行うことを地方公共団体に義務づけています。

　なお、履行の確認である検査行為は、契約履行の締めくくりをなす行為ということができますので、契約担当ラインに属する仕事といえます。

② 検　査

　検査については、自治令第167条の15第2項に「検査は、契約書、仕様書及び設計書その他の関係書類〔中略〕に基づいて行わなければならない。」と規定し、契約の履行内容が設計図書に基づいた適正なものとなっているか否かを、実地に検査を行って確認しなければならないことを求めています。

　検査の種類には、「完了検査」「中間検査」「既済部分（既納部分）検査」「清算検査」「材類検査」などがあります。

③ 監　督

　契約の性質または目的によっては、検査のみでは履行の確認が不十分なものについては、履行中に、立会い、指示その他の方法によって適正な履行を図ろうとするのが「監督」です。

検査は、契約が適正に履行されたか否かを確認するために行うものであることから、すべての契約について行わなければなりませんが、監督は、検査を補完するために行うものであるため、すべての契約について行う必要性はありません。

　監督は、履行が完了してしまうと容易にやり直しや手直し等ができない契約について必要とされるもので、具体的には、工事や製造の請負、委託契約等について行われます。

④ **検査の方法**

　地方公共団体の長は、職員の中から検査員を任命し、完納または完了の事実を確認させることになりますが、特に専門的な知識または技能を必要とすると認められるときは、例外的に、職員以外の者に委託して、監督または検査を実施する道も開かれています（自治令第167条の15第4項）。

　また、今日の工場製作物を想定すると、契約の目的たる物品の給付完了後、相当の期間に、当該物につき破損、変質、性能の低下その他の事故が生じたときは、取替え、補修その他必要な措置を講ずる旨の特約があり、当該給付の内容が担保されると認められるときは、検査の一部を省略することができることとなっています（自治令第167条の15第3項）。この定めに従い、契約約款で「広義の瑕疵担保責任」を明記することで、全量検査ではなく抽出検査としたり、ケースによっては数量検査としている例も多くみられます。これは、後日トラブルが発生しても、その解決方法としてすみやかに「取替える」ということで社会的ルールが成立していることによっています。

⑤ **検査の時期**

　検査の時期については、政府契約の支払遅延防止等に関する法律第5条第1項に規定されており、地方公共団体は相手方から給付を終了した旨の通知を受けた日から、原則として工事については14日以内、その他の給付については10日以内の日を約定しなければなりません。

　もし、地方公共団体が約定の時期までに給付の完了の確認または検査をしないときは、その時期を経過した日から完了の確認または検査をした日までの期間の日数は、対価の支払いの時期として約定した期間の日数から差し引くものとなっています。

II 指名競争入札

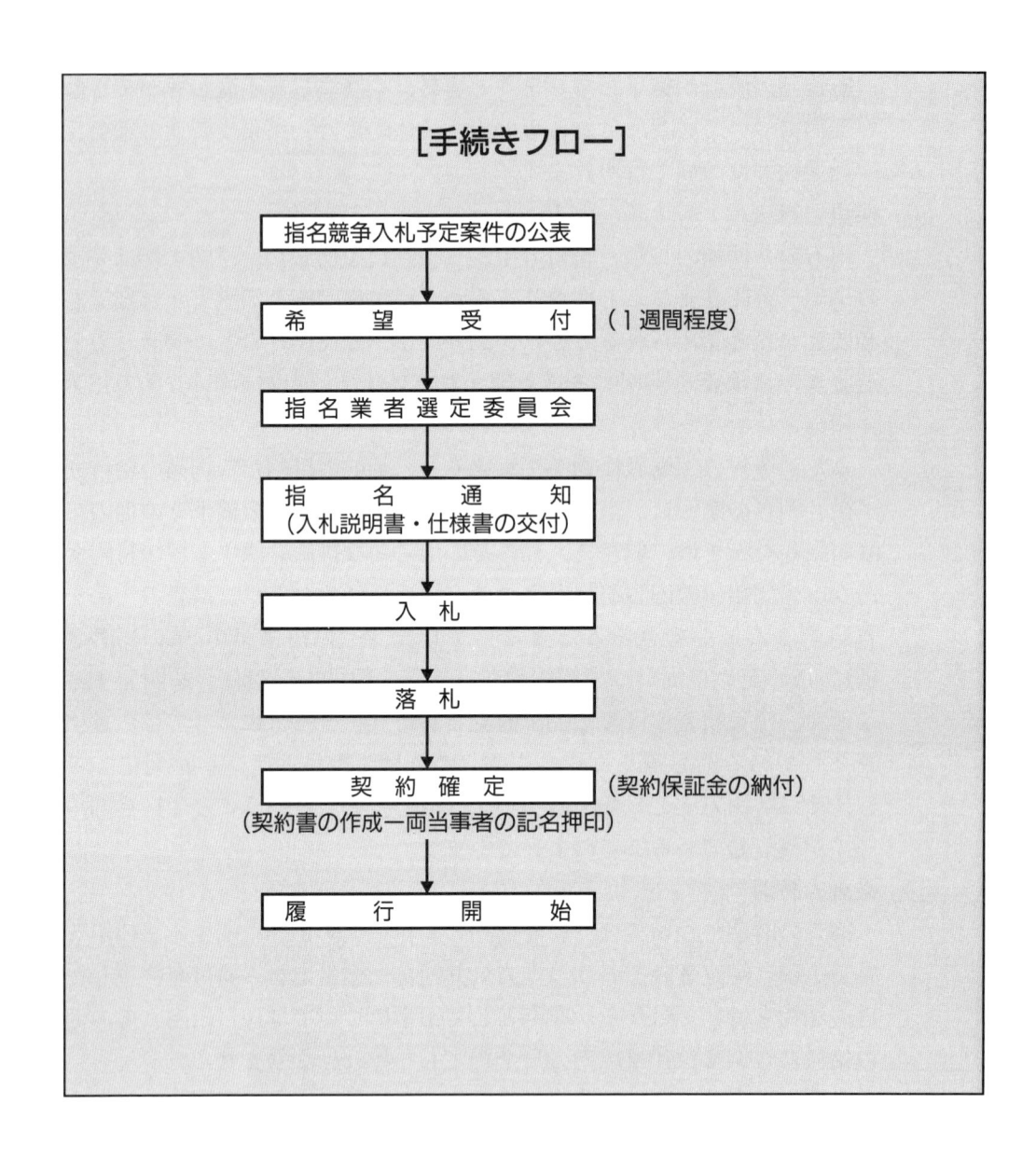

[手続きフロー]

指名競争入札予定案件の公表
↓
希 望 受 付 （1週間程度）
↓
指名業者選定委員会
↓
指 名 通 知
（入札説明書・仕様書の交付）
↓
入 札
↓
落 札
↓
契 約 確 定 （契約保証金の納付）
（契約書の作成―両当事者の記名押印）
↓
履 行 開 始

1. 指名競争入札の方法

(1) 指名競争入札の意義と特質

指名競争入札とは、資力・信用その他について適当と認める特定多数の競争参加者を選んで指名し、入札の方法により競争させ、地方公共団体にとってもっとも有利な条件を提供した者との間に契約を締結するものです。

指名競争入札は、一般競争入札や随意契約が抱える問題を相当程度排除でき、実務上、地方公共団体の多くが活用してきた契約方式ということができます。

そして、指名競争入札の核心は、入札参加者の「指名選定」にあり、実務上も指名選定を上手にできること、いいかえると、当該案件に対して「やる気と能力のある者」を合理的に選定することが、相対的に手続きも簡単に、しかも不信用や不誠実な者の排除につながるということができます。

しかし、この指名選定過程の不透明性が過去の汚職事故の原因となったり、指名が一部の者に固定化（偏重）するという弊害がないとはいえません。

したがって、指名競争入札に求められる運用は、そのメリットを活しつつ、発注者の恣意性をいかに排除するのかが課題といえます。

(2) 指名競争入札のメリットとデメリット

指名競争入札のメリットとデメリットを要約すると、次のとおりです。

> 1) 指名競争入札のメリット
> ⑦誠実な業者を選定できるため、質の高い履行が確保でき、検査や監督等の事務が軽減できること。
> ⑦次回以降も指名が得られるよう、良質な履行を行おうとする意欲を業者に与えることができること。
> ⑦中小企業の受注機会の確保に配慮することができること。
> 2) 指名競争入札のデメリット
> ⑦業者を指名する過程が不透明であることや、恣意的な運用がなされるおそれがあること。

> ④指名により入札参加者が絞られることから、実質的な厳しい競争と談合を誘発する可能性とを併せ持つこと。

(3) 恣意性の除去

　指名競争入札のデメリットである「恣意性」を排除するための第一は、一般競争入札においては任意規定とされる「経営上及び技術上の資格」を、指名競争入札においては義務化していることです（自治令第167条の11第2項）。

　第二は、地方公共団体の契約実務では、工事請負、事務用品の購入、起案用紙の印刷など同種の契約を繰り返し実施しているのが常ですが、これら個別具体的な契約手続が効率的で適切な内容となるよう、あらかじめ競争入札に参加しようとする者に定期または随時に申請させ、その者の有資格状況を審査したうえで、格付名簿を作成しておくことです。

　第三は、「指名選定基準」を策定・公表し、その基準に準拠して指名選定を実施するとともに、指名選定委員会などの合議制を採用するのも有効であるといえます。また、不適格業者の排除についても、マイナスの指名選定基準ともいえる「指名停止基準」を定める例も多いです。

　第四は、具体的な指名競争入札参加者の選定を発注者のみに任せない仕組みの導入です。

　発注予定案件について、規模や種別などの主要事項を含めて公表し、当該案件に対する希望を受付し、有資格者は優先指名することをルール化するのです。そして、可能であれば、希望したにもかかわらず指名されなかった場合に、その理由を求められたときは説明責任を発注者の義務としたい。

　地方公共団体の契約制度は、単に地方公共団体だけのものでなく受注者側の制度でもあることから、双方の緊張関係と制度の有効活用で、社会的な役割を果たすことが重要といえます。

(4) 法令上の位置づけ

　従来から、地方公共団体において活用されてきた指名競争入札の地方自治法上の位置づけについては、地方自治法第234条第2項で、指名競争入札は政令で定める場合に該当するときに限りこれによることができると規定されてます。そして、自治令では第167条で指名競争入札によることができる場合を掲げており、⑦契約の性質または目的が一般競争入札に適しないものをするとき、④契約の性質または目的により競争に

加わるべき者の数が一般競争入札に付する必要がないと認められる程度に少数である契約をするとき、㋒一般競争入札に付することが不利と認められるときに指名競争入札によることができるとしています。

このように、法令上は例外的な契約方式である指名競争入札の活用に当たっては、過去の誤った運用事例に学ぶとともに、指名競争入札の運用の適正化を図ったうえで、自治令第167条各号の要件に該当するかどうかを、各々の地方公共団体で判断すべきということができます。

(5) **指名通知**

指名に当たっては、入札の場所および日時、その他入札について必要な事項をその指名する者に通知しなければなりません（自治令第167条の12第2項）。これは、一般競争入札の公告に当たるもので、その通知において、入札参加資格のない者のした入札および入札に関する条件に違反した入札は無効とする旨を明らかにしておかなければなりません（自治令第167条の12第3項において準用する第167条の6第2項）。

これ以外の指名競争入札の手続に関しては、一般競争入札に関する自治令の定めが準用されていて、一般競争入札と共通ルールといえます。

2. 事例研究

指名競争入札の運用を検討する参考として、いくつか事例を検討してみます。

【事例①】
　A地方公共団体にとっては、ほとんど経験のない、大規模で難易度の高い契約案件に対して、情報の収集に努め、その情報を前提に入札条件を検討し、そのうえで一般競争入札を採用することは、一般競争入札の具備する機能の活用といえます。
　不安材料は、落札者が履行期限に提出する成果物の水準が、A地方公共団体を満足させるものであるか否かです。
　この不安を解消させるには、発注者の要求する水準をできる限り公表することを繰り返すことで一定の水準が形成されていくこと、経験をつむこと以外に特効薬はないというのが実情です。

【事例②】

　珍しい案件のため事前調査を実施したところ、対応可能な企業が１社あることが明らかになったが、この１社の外に対応可能な者が存在するか否かは、不明でした。

　このような場合、可能な企業１社と随意契約をすることを思いつきますが、経済性の確保の観点からは事前調査を継続することが要求されることになります。

　そこで、発想を転換して、一般競争入札の活用を検討してみたい。「公告」することで、対応が明らかな１社とそれ以外の対応可能な者の発掘に努める。その結果、他の参加者が存在すれば、競争原理に基づいた一般競争入札手続に従うことができます。仮に、１社のみの入札になった場合でも、他の参加が想定された入札は有効な一般競争入札として成立するとともに、入札した者の外に現実的な対応可能者が存在しない証明にもなるのです。

　この事例は、一般競争入札の有する特性を上手に活かした方策といえます。

【事例③】

　閉鎖的な国際的経済活動に対して、障壁を低くして国際的な取引き活動を活発化させようとしているWTO協定の対象案件を別にして考えてみます（多くの地方公共団体はWTO協定の対象外です。）。

　大規模で難易度の高い工事請負契約に対して、一般競争入札を活用する例が多くの地方公共団体でみられます。実情を点検すると、入札参加資格のハードルが高く、対応可能企業が10社以内であったり、多くても20社程度のことがあります。

　発注者が個別企業の入札参加に関与せず、入札に参加する者の意思でその参加が決定されることで、一般競争入札方式だといえるものの実質的な視点からは疑問が残ります。

　一般競争入札を原則とする法律の趣旨を、発想転換して推測してみましょう。

　Ｃ地方公共団体では、比較的小規模で難易度の低い一般的な工事請負契約に、一般競争入札の活用を試行している。これらの案件の参加資格を、比較的ランクの低い「ＣおよびＤランク」で地

元に本店または支店を有する者とする制限付一般競争入札とし、これにより地元企業対策を含め地域の実情に合致した合理的な契約システムとなるよう試行しています。

　そして、大規模で難易度も高い工事請負契約については、入札参加資格を慎重に検討し、適正な履行の確保を図る観点から、透明性が高く適正な履行が確保しやすい希望型の指名競争入札を選択すること、そして、場合によっては特定共同企業体方式を活用した特命随意契約方式の採用に至ることも想定の範囲内と方針決定しています。

　Ｃ地方公共団体の方針決定内容について、最近の国の実績を慎重に調査するとほぼ同様の事例があるのも事実です。

　このように、具体的な案件に対してどの契約締結方式を採用するかは、当該地方公共団体の契約を担当する者が、法令の定めに従い地方公共団体が住民の福祉を増進する手段として最善と認める方式により行うことであり、制度の持つ特性を活かした適正な運用が大切なのです。

III 随意契約

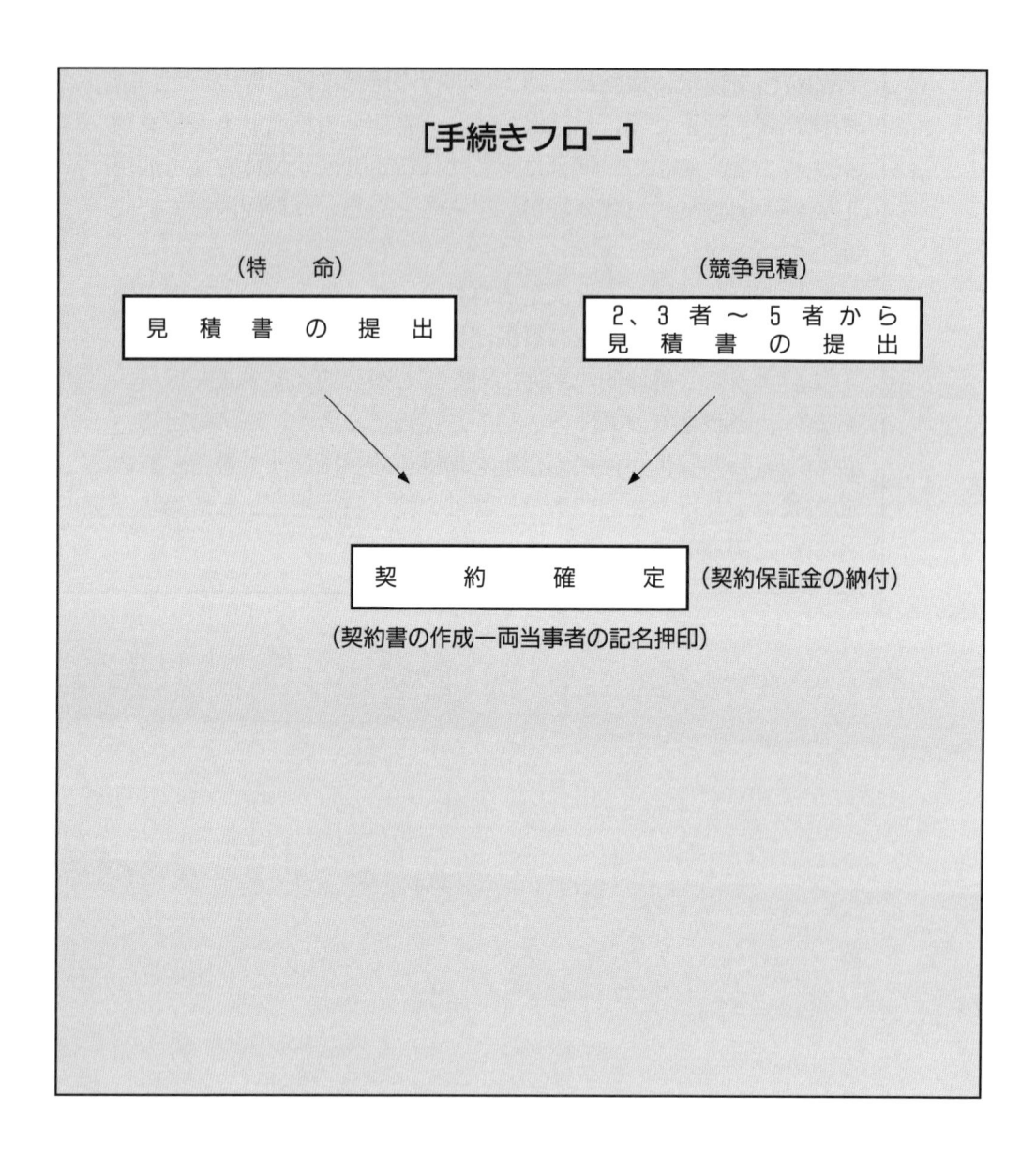

[手続きフロー]

```
        (特 命)                    (競争見積)
    ┌──────────┐          ┌──────────────────┐
    │ 見積書の提出 │          │ 2、3者～5者から    │
    └──────────┘          │ 見積書の提出       │
                            └──────────────────┘
           ↘                    ↙
              ┌──────────┐
              │ 契約確定   │ (契約保証金の納付)
              └──────────┘
          (契約書の作成－両当事者の記名押印)
```

1. 随意契約の方法

(1) 随意契約の意義

　随意契約とは、競争の方法によることなく任意に特定の者を選んで契約を締結する契約方式であり、自治令第167条の2に規定されている場合のみ認められている例外的な契約方式のことをいいます。

　この方法によると、契約の手続きが簡素で、資力・信用等の確実な適格業者を契約の相手方とすることから、適正履行の確保が期待できます。反面、経済性の確保の観点からは競争入札に比べて有利とはいえません。

　このため、実務では経済性の確保の観点から複数の見積書を徴する競争見積方式が多用されています。

(2) 法令上の位置づけ（自治令第167条の2）

① 少額随契

　売買、貸借、請負その他の契約で、予定価格が自治令「別表第5」上欄に掲げる契約の種類に応じ同表下欄に定める額の範囲内で、地方公共団体の規則で定める額を超えないとき。

一　工事または製造の請負	都道府県および指定都市	250万円
	市町村（指定都市を除く。以下この表において同じ。）	130万円
二　財産の買入れ	都道府県および指定都市	160万円
	市町村	80万円
三　物件の借入れ	都道府県および指定都市	80万円
	市町村	40万円
四　財産の売払い	都道府県および指定都市	50万円
	市町村	30万円
五　物件の貸付け		30万円
六　前各号に掲げるもの以外のもの	都道府県および指定都市	100万円
	市町村	50万円

② 不　適

　不動産の買入れまたは借入れ、地方公共団体が必要とする物品の製造、修理、加工、または納入に使用されるため必要な物品の売払いその他の契約で、その性質または目的が競争入札に適しないものをするとき。

③ 政策的配慮（その１）

　障害者自立支援法（平成17年法律第123号）第5条第12項に規定する障害者支援施設（以下この号において「障害者支援施設」という。）、同条第21項に規定する地域活動支援センター（以下この号において「地域活動支援センター」という。）、同条第1項に規定する障害福祉サービス事業（同条第6項に規定する生活介護、同条第14項に規定する就労移行支援または同条第15項に規定する就労継続支援を行う事業に限る。以下この号において「障害福祉サービス事業」という。）を行う施設もしくは小規模作業所（障害者基本法（昭和45年法律第84号）第2条に規定する障害者の地域における作業活動の場として同法第15条第3項の規定により必要な費用の助成を受けている施設をいう。以下この号において同じ。）において製作された物品を普通地方公共団体の規則で定める手続により買い入れる契約、障害者支援施設、地域活動支援センター、障害福祉サービス事業を行う施設、小規模作業所、高年齢者等の雇用の安定等に関する法律（昭和46年法律第68号）第41条第1項に規定するシルバー人材センター連合もしくは同条第2項に規定するシルバー人材センターから普通地方公共団体の規則で定める手続により役務の提供を受ける契約または母子及び寡婦福祉法（昭和39年法律第129号）第6条第6項に規定する母子福祉団体が行う事業でその事業に使用される者が主として同項に規定する配偶者のない女子で現に児童を扶養しているものおよび同条第3項に規定する寡婦であるものに係る役務の提供を当該母子福祉団体から普通地方公共団体の規則で定める手続により受ける契約をするとき。

④ 政策的配慮（その２）

　新商品の生産により新たな事業分野の開拓を図る者として総務省令で定めるところにより普通地方公共団体の長の認定を受けた者が新商品として生産する物品を、普通地方公共団体の規則で定める手続により、買い入れる契約をするとき。

⑤ 緊　急

　緊急の必要により競争入札に付することができないとき。

⑥ 不　利

　　競争入札に付することが不利と認められるとき。

⑦ 著しい有利

　　時価に比べて著しく有利な価格で契約を締結することができる見込みのあるとき。

⑧ 入札後随契

　　競争入札に付し入札者がないとき、または再度の入札に付し落札者がないとき。

　　この場合は、契約保証金および履行期限を除くほか、最初競争入札に付するときに定めた予定価格その他の条件を変更することができません（同条第2項）。

⑨ 落札者が契約を締結しないとき

　　この場合は、落札金額の制限内でこれを行うものとし、かつ、履行期限を除くほか最初競争入札に付するときに定めた条件を変更することができません（同条第3項）。

　第1号の少額随契については、当該地方公共団体の規則の定めに従えば随意契約の活用について問題は発生しないといえますが、単数見積でよいとするのか、複数の見積書を徴する競争見積方式の活用をするのかが課題として残ります。

　第3号および第4号については、当該地方公共団体の政策的な配慮をどのように定めるかであり、第8号および第9号については実務にかかる詳細な規定がなされています。

　判断に悩むのは、第2号（不適）、第5号（緊急）、第6号（不利）などについてで、随意契約については、実務上の便利さを過大評価せずに、その弱点である経済性の確保や透明性の確保の困難性に留意して例外的契約方式としての認識を十分に確認し、当該案件が第167条の2第1項各号の要件に該当するかどうかをそれぞれ判断すべきといえます。

(3) 見　積

　　随意契約において活用される「見積書」は、契約の目的物の価格算定を表示した文書であり、一般的に様式は定められていなくて、表示内容は一定せず、必要に応じた内容となっている場合が多いといえます。

　　次に、競争見積方式か単数見積かについては、比較的安価なもので目的物と同一品質・同一規格なものがどこでも市販されていて価格が固定し変動しない場合は、単数見積でよいと考えられますが、これとは逆に

価格が一定しない場合や迷うときは、複数の見積を徴することが望ましいといえます。

2. 事例研究

法令制定時点では想定されていなかったと考えられますが、新しい視点による随意契約活用例があります。

【企画提案方式】
　広告委託やシンクタンクを相手方とする難易度の高い調査委託契約について、広義の契約手続を2分割し、契約締結手続の前に、契約の目的物（仕様内容を含む。）を決定する際、発注者だけで決定せずに専門企業に参加を求め、目的物の品質・性能を向上させるため企画コンペを実施することがあります。
　具体的には、対応可能な3者から5者に対し、文書による企画提案（見積金額を含む。）やヒアリングを合議制の調査委員会で実施するもので、その結果選定された者と契約締結手続として随意契約を行うものです。
　事前手続については、多様なバリエーションが期待できるとともに、随意契約の弱点を補い、公正性や経済性を確保できるものといえます。

【複数単価契約方式】
　地方公共団体が管理する道路について、道路保全のための緊急工事（補修工事）に対処する方策として複数単価契約方式を活用することがあります。
　具体的には、想定される補修工事を規模や難易度のパターン別に分類しAタイプからEタイプの5分類とし、3か月または6か月の複数単価契約で対応しようというものです。
　適格な3者から5者に複数単価契約の見積を依頼します。こうして行った見積の結果は、A～Eの5項目すべてについて予定単価を下回る者は必ずしも期待できず、ある項目でもっとも低い者でも他の項目では競争他者と比較して安いとは限らない。このような場合に減価交渉を行うというものです。
　このように、複数単価契約の競争においては減価交渉またはネゴシエーションが予定され、競争入札の自動落札の原則や単純な

> 最低落札の原則とは馴染まないので、競争見積方式を活用することになります。

　これらの事例は、随意契約のデメリットを補正しながら課題を解決するため、新しい視点に立った随意契約の活用事例といえます。

IV　せり売り

1. せり売りの方法

　「せり売り」とは、契約価格等について多数の者を口頭（挙動）で競争させ、地方公共団体にとってもっとも有利な価格を申し出た者との間に契約を締結する契約方式で、動産の売払いで当該契約の性質がせり売りに適している例外的な場合にのみ認められています（自治令第167条の3）。

　ところで、「せり売り」も競争契約の一種ということができますが、一般競争入札や指名競争入札と異なり、他の競争者の提示価格を知って互いに競争するもので、いわゆる「競売」といわれる方式です。

　「せり売り」では、各競争者が互いに他の者の提示した内容を知り、いったん一定の価格を提示した者もさらに有利な内容を提示することにより、契約の相手方となろうとするものです。自治令の定めにより、動産の売払いに限られるため、せり上げの方法がとられることになります。

　地方公共団体の契約実務において、「せり売り」を活用することは、例外中の例外といったところです。

Ⅴ WTO特例政令

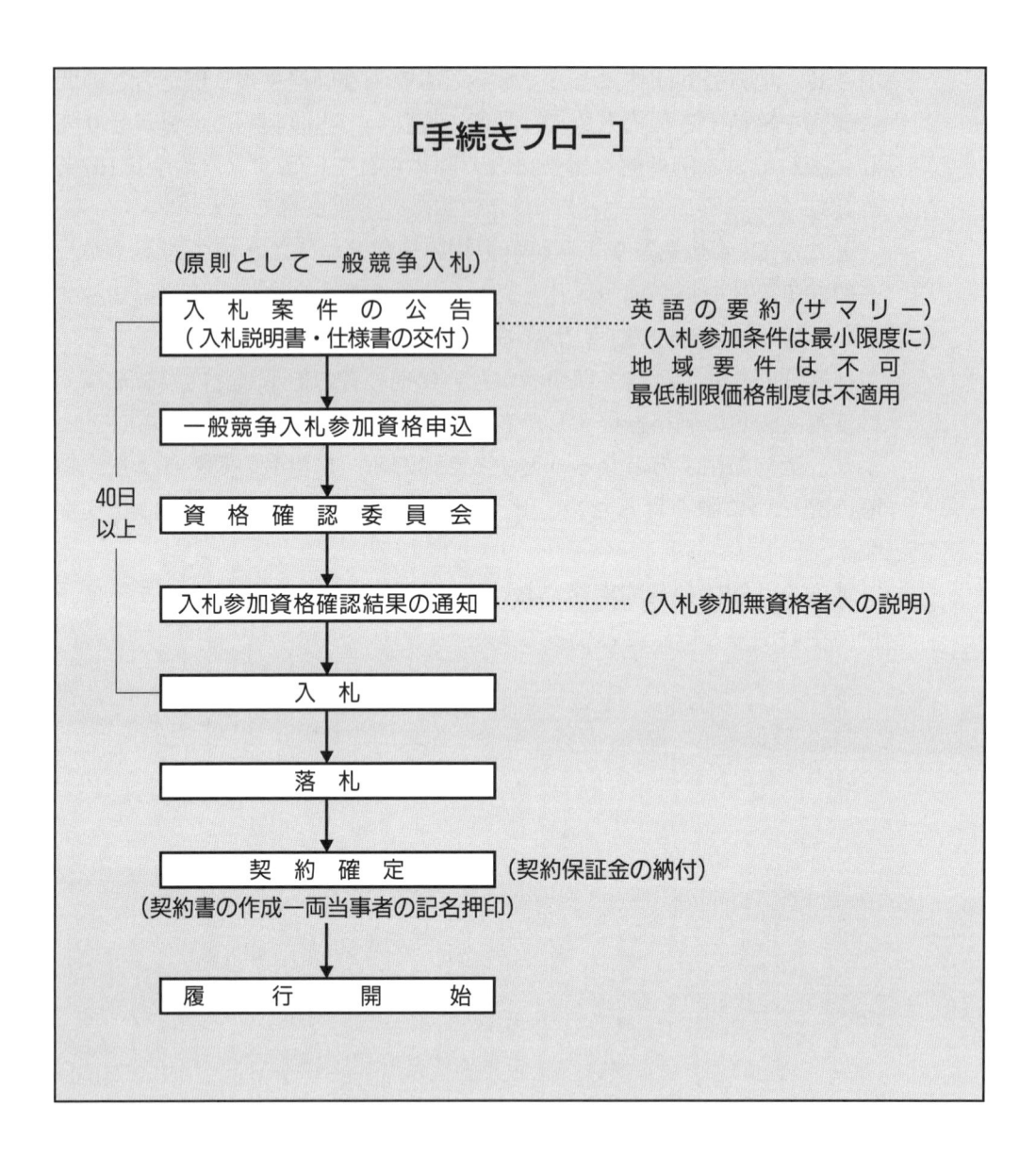

[手続きフロー]

```
                    （原則として一般競争入札）
         ┌──  入 札 案 件 の 公 告  ·········  英語の要約（サマリー）
         │    （入札説明書・仕様書の交付）       （入札参加条件は最小限度に）
         │              ↓                    地域要件は不可
         │                                   最低制限価格制度は不適用
         │      一般競争入札参加資格申込
   40日   │              ↓
   以上   │      資 格 確 認 委 員 会
         │              ↓
         │      入札参加資格確認結果の通知  ·········  （入札参加無資格者への説明）
         │              ↓
         └──       入   札
                       ↓
                     落   札
                       ↓
                   契 約 確 定          （契約保証金の納付）
         （契約書の作成―両当事者の記名押印）
                       ↓
                   履 行 開 始
```

1. WTO特例政令による入札の方法

(1) ガット体制

　閉鎖的な国際的経済活動に対し、障壁を低くして国際的な取引活動の自由化と拡大を図るため、第二次世界大戦直後の昭和22（1947）年に「関税及び貿易に関する一般協定」（GATT）が調印されて「ガット体制」がスタートしました。日本は昭和30（1955）年に加入しましたが、その後、世界貿易機関（WTO）へ発展的に解消されました。

(2) WTO調達協定の成立

　平成6（1994）年4月に、モロッコのマラケシュで世界貿易機関（WTO）を設立するための「世界貿易機関を設立するマラケシュ協定」が成立し、この附属書に含まれる「政府調達に関する協定」（以下「WTO調達協定」という。）が平成8（1996）年1月から発効することとなりました。このWTO調達協定は、従来までのガットと比べると適用対象が都道府県および政令指定都市にも拡大され、対象となる契約も物品の調達から工事請負やサービス分野まで拡大されています。

(3) WTO特例政令

　「WTO調達協定」は条約であり、条約として国や地方公共団体に対して法的な拘束力を持つことから、国内法令との関係を調整するため、地方公共団体に対しては平成7（1995）年11月1日に「地方公共団体の物品等又は特定役務の調達手続の特例を定める政令」（いわゆる「WTO特例政令」）が公布されました。

　具体的な協定対象契約は、平成8年1月から3月末日までは、予定価格が建設工事25億円以上、物品等の調達3,300万円以上、建物管理委託等3,300万円以上の契約とされました。さらに、平成8年4月からの2年間は、建設工事21億6,000万円以上、物品等の調達2,800万円以上とされ、その後、2年に一度改訂され、平成22（2010）年4月からは、建設工事23億円以上、物品等の調達3,000万円以上の契約が対象となっています。

　内外無差別を旨とするWTOルールの主なものは、
　　ア　入札参加者の資格から「当該入札に参加する者の事業所の所在地」の定めを除外すること。

イ　最低制限価格制度を適用しないこと。
　　ウ　一般競争入札の公告事項を明記したこと。
　　エ　入札説明書の交付を定めたこと。

2. 手続

(1) WTO特例政令対象案件について競争入札を行う場合には、最小限度の入札参加条件しか付すことができないことから、多くの場合で一般競争入札が採用されます。
　その一般競争入札の入札参加条件も契約の目的物の達成（適正履行の確保）の条件のほかは、最小限度にとどめることが求められます。

(2) 入札参加条件として「地域要件」を設けることはできません。また、「最低制限価格制度」は適用できず、「低入札価格調査制度」を必要に応じて適用することになります。

(3) 入札参加条件等についての公告は、英語による要約「サマリー」が義務づけられています。

(4) 公告から入札（開札）までの期間は、十分に確保することが求められており、少なくとも「40日以上」とされています。
　これ以外は、通常の一般競争入札の手続のとおりです。

●コメント●

　地方公共団体の契約実務においては、地域経済の発展や地元企業の優先に配慮する考え方と、WTOの内外無差別の思想とは大きく異なるところです。長期的な視点に立てば、WTO思想が拡大傾向にあるとの認識を持ちつつ、地域特性に根差した考え方とWTO思想との優劣ではなく、棲み分け的な共存の道を研究しておくことが地方公共団体の課題であると考えます。

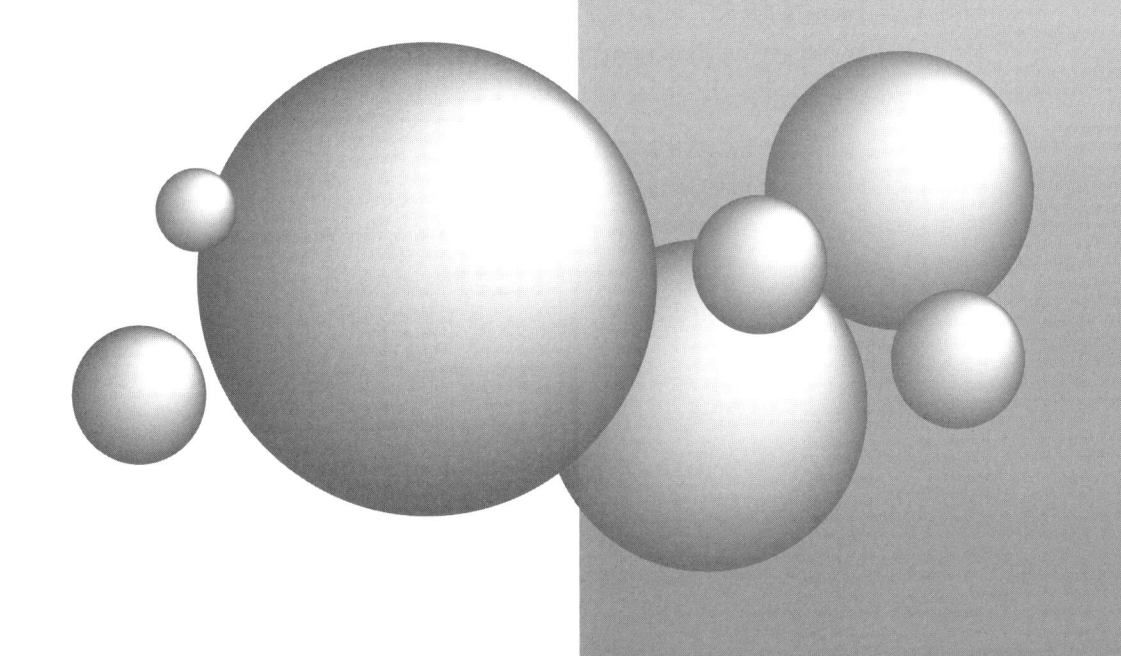

第3章
応用・工夫の実際

＜入札手続＞

●メンテナンス契約での「準備契約」の応用●

【ねらい】
「庁舎管理警備委託」などのメンテナンス契約において、契約の始期を4月1日とし、終期を3月31日として「会計年度独立の原則」を満足する契約方式を採用したい。

【効　果】
入札日を2月末日、入札条件を「次年度予算を使用、予算成立後4月1日に契約成立」と設定したうえで入札を実施し、落札者からはその時点で受注者として記名押印した契約書の提出を求め、発注者は、上記入札条件が整ったことを確認のうえ記名押印して契約を確定させるという「準備契約」を採用することで解決できる。

庁舎管理の警備委託をはじめメンテナンス契約については、従来から悩ましい課題の解決に向け、その契約手続をいかに進めるかの試行錯誤が積み重ねられてきたといえます。

その一つが「契約期間」で、㋐目的物の納入期限が6月30日や工期90日間のように、期限までに完了することを約定するものと、㋑庁舎警備委託契約のように、4月1日から翌年の3月31日までの間ずうっと約定するものがあります。

前者は、期限までに完了すれば受注者の債務は終了し、納入期限より早く完了することは特段の定めがない限り問題にされず、後者は、契約期間の始期も終期も重要であり、その間ずうっと債務を果たすことが求められる契約といえます。

例えば、庁舎警備委託契約は、機械警備を除けば1年契約とするのが社会一般の通例であり、4月1日を始期、翌年3月31日を終期とする単年度契約とされています。

そして、この契約の源資となる予算は通常3月の定例議会で成立し、4月1日から使用可能となる「会計年度独立の原則」は厳しく守られているといえます。

1. 課題の整理

① 庁舎警備委託契約は、その性格上4月1日を始期とし、終期が翌年3月31日となるよう「ずうっと」契約したいことは、解決すべき課題
② 予算は、会計年度独立の原則に基づき年度が始まってから使用が可能となり、債務負担行為や長期継続契約などの例外を除けば年度をまたいで使用することは不可能です。
③ 前年度の実績者に対して特命随意契約をするのであれば、契約事務手続の日数が短期間でも可能ですが、競争入札を実施するのであれば一定の日数を必要とすることになるのも確かな事実です。

2. 応用・工夫

上記①〜③の課題をクリアする契約実務が「準備契約」です。
契約の締結日は4月1日としつつ、契約の準備手続きを前年度中に実施し、地方公共団体の契約原則である「公正性」「競争性」「適正履行」の確保を図りながら、課題（目的）を達成しようとするものです。

3. 手続

一般的な競争入札の手続に加えて、以下のような「準備契約」独自の手続を必要とします。

① 入札日の設定
庁舎警備委託契約で、競争入札の落札者が実績者（現在の契約の相手方）以外である場合、契約の始期である4月1日までに準備期間（習熟期間）が必要となることから、その期間を見込んで入札日を2月末日頃に設定します。

② 競争入札の条件設定
一般的な入札条件に加えて、「準備契約によるものである旨」を条件設定します。具体的には、この競争入札は次年度予算を使用するもので、当該予算が成立し、かつ4月1日に契約が成立するものである旨を入札条件として設定し、明記することが必要です。

③ 契約書の記名押印
2月末日に競争入札が実施され、落札者が決定された場合には、落札者は契約書に受注者として記名押印の上、発注者に提出しなければなり

ません（仮契約の証拠書類）。

　発注者は、②の契約確定の条件が整ったことを確認の上、4月1日に発注者としての長の記名押印し、契約を確定させます。

4.　コメント

　国における庁舎建物管理委託契約については、これまで年度初めに前年度の実績者と2か月程度随意契約し、その契約期間中に残り10か月間の委託契約について競争入札を実施する方式を採用してきましたが、平成8（1996）年1月のWTO調達協定の発効を契機に、平成8年2月に建物管理委託契約に係るWTO調達協定ルールの公告がなされ、準備契約方式が採用されるようになったものです。

　従来方式で随意契約によっている2か月間の契約と、競争入札によっている10か月間の契約は、WTO調達協定ルールに照らすと一連の契約として同一の契約締結方式が要求されていることから、方針変更したものと考えられます。

演習

「準備契約」の実例を掲げ、ポイントを整理してみましょう。

【ねらい】

【効　果】

1．課題の整理

2．応用・工夫

3．手続

●給付数量未確定での「単価契約」の応用●

【ねらい】
　契約期間内に受けるべき給付の数量を確定しがたいものについて、後で契約変更となったり、契約金額が著しく減額され、契約の相手方との信頼関係を損ね、または、契約の解除や損害賠償請求といった不測の事態が生じないような契約方式を採用したい。

【効　果】
　数量を「予定数量」とし、契約の目的である物件または役務の給付の「単価」を契約金額とする「単価契約」によることで解決できる。

1. 課題の整理

　契約は、通常その要素となる「数量」や「金額等」が確定されたうえで、締結されるべきものです。そして、総価としての金額を契約金額として締結される契約が「総価契約」で、地方公共団体の契約は総価契約が原則です。なぜなら、支払いの原因となる契約について、予算統制から契約の総額の確定は重要な意味をもつからです。

　一方、契約期間内に受ける給付の数量を確定しがたいものについて、無理やり数量を決めて総価契約を締結した場合には、後で契約変更を余儀なくされたり、契約金額が著しく減額され結果的に契約の相手方との信頼関係を損ない、まれには、相手方に契約解除権の行使と損害賠償の請求をされるような不測の事態が生じるおそれがあります。

2. 応用・工夫

　あらかじめ契約期間内に給付を受ける数量を確定することが困難なものについては、総価契約にかえて、数量を「予定数量」として契約の目的である物件または役務の給付の「単価」をもって契約金額とする「単価契約」を締結しようとするものです。

3. 手　続

　「単価契約」とは、単価を主目的とし、一定期間内に給付を受けた実績数量に単価を乗じて得た金額を支払うことを内容とする契約で、総価契約の例外となっています。

　地方公共団体が結ぶ単価契約の履行は、歳出予算に基づくものとしてこれを統制する必要があります。

　単価契約は、契約締結の時点では単価のみが決定していて、数量は予定数量であり、金額についても推定総金額であることから、支出負担行為とは考えがたいといえます。すなわち、支出負担行為は、相手方に対して「何日までに、いくつ納品せよ」と具体的に発注指示したときと考えられ、推定総金額に達するまで何回でも発注することができるものです。

　いいかえると、推定総金額を当該経費の歳出予算の範囲内におさめて、契約を締結すべきといえます。

> 単価×予定数量＝推定総金額

4. コメント

　単価契約の予定数量は、予定にすぎないとはいえ単価の算出に大きな影響を与える重要な要素であるので、予定数量の設定に当たっては、お互いの信頼関係の面からも、可能な限り誠実な計画のもとに定めなければなりません。

　予定数量の確度が著しく高い場合は、総価契約において分割納入の時期指定を後日に指定する契約に近い性格となります。

> **演習**
> 「単価契約」の実例を掲げ、ポイントを整理してみましょう。
>
> 【ねらい】
>
> 【効　果】
>
> 1．課題の整理
>
> 2．応用・工夫
>
> 3．手続

●道路補修契約での「複数単価契約」の応用●

> 【ねらい】
> 　道路管理者には、住民が道路を使用するのに支障のないよう維持することが求められ、計画的な改修工事や常に適切な状態に保つよう求められていることから、道路の陥没や舗装の緊急補修などに対する効率的、経済的な契約方式を採用したい。
>
> 【効　果】
> 　道路補修に関して多発する緊急工事を類型別に分類し、これの仕様を決定のうえ予定数量を想定して、契約期間半年ないし1年間とする「複数単価契約」によることで解決できる。

1. 課題の整理

　消費生活者の生活レベルが向上し、市場メカニズムが高度化していく中で、商品開発が進み商品の個性化、アイテム化、総合化などが生じてきています。

　そして、単価契約においても、単品だけの単価契約から数種類の品物を一つの単価契約で契約する「複数単価契約」とすることにより、スケールメリットが生じ、その結果、それぞれの単価がより安くなる可能性が生まれるといえます。

> 単価（A）×予定数量（A）＝推定金額（A）
> 単価（B）×予定数量（B）＝推定金額（B）
> 単価（C）×予定数量（C）＝推定金額（C）
> 推定総金額（推定金額（A）＋（B）＋（C））

　複数単価契約方式は、売買契約においてのみその特性を発揮するものではなく、むしろ、工事請負契約、特に緊急の改修工事の分野において有効であり、複数単価契約以外には合理的な契約方式がないといってもよいほどです。

2. 応用・工夫

　地方公共団体の道路管理者は、その管理する道路を通常の利用に支障のないよう維持することが求められています。このため、道路の舗装等については、計画的に改修工事を進め、常に適切な状態に保つ努力がなされています。

　しかし、現実には道路が陥没するような大きな穴が突然生じたり、そこまで激しくなくとも緊急に舗装の一部を補修する必要が生じたりすることがあります。

　このような場合に、緊急性を理由に随意契約することも可能ですが、毎年繰り返される事態に対して、より効率的でしかも経済的にも有利な契約方法を研究すべきであり、そこで研究されたのが複数単価契約方式で、この方式の有効性が評価されつつあります。

3. 手　続

　具体的には、道路補修に関して多発する緊急工事を、類型別に簡易なＡタイプから複雑で規模の大きいＥタイプに分類整理し、仕様を明確に決定したうえで、予定数量を想定します。

　地域の緊急的な道路補修工事に対応可能な企業を対象に3者から5者を選定し、契約期間を半年または1年間と決定して、複数単価契約を競争見積方式で実施します。

　複数単価契約においても、もっとも重要な項目は「単価」です。したがって、すべての単価が予定価格（単価）を下回ることが必須条件ですが、この条件をクリアするには減価交渉が必然となることが予想されるため、競争入札方式を採用せずに、随意契約の競争見積方式を採用するものです。

　また、競争他者との競争においては、推定総金額がもっとも安価であることは必須条件ですが、各項目についても点検して、個別単価の安価の理由を調査して減価交渉の可能性を模索する努力が求められていると考えるべきで、その努力が次の複数単価契約のレベル・アップにつながると考えています。

4. コメント

　道路緊急補修工事の複数単価において、受注者がAタイプからEタイプの単価を積算するとき、各々の単価の予定数量より契約全体の規模の指標となる「推定総金額」が重要であり、発注者側も予定数量を推量することが非常に困難である場合は、各項目ごとの予定数量をセットせずに、単価Aから単価Eタイプを決定し「推定総金額」と同様な性格の「発注限度額」をセットした複数単価契約が有効と考えられます。

　また、経験不足の発注者は、単価契約の契約期間を長期とせずに3か月程度にとどめ、習熟度に応じた契約期間を採用することが望ましいでしょう。

　このように、複数単価契約の活用範囲は広く、ニーズに対応して柔軟かつ多様に思考し、試行することができれば、一層拡大していくことが期待できます。

演習

　「複数単価契約」の実例を掲げ、ポイントを整理してみましょう。

【ねらい】

【効　果】

1．課題の整理

2．応用・工夫

3．手続

●企画提案方式●

[ねらい]
　競争入札を実施する場合には、発注者が仕様内容を確定し、競争入札参加者にこれを提示して入札を実施しなければなりませんが、場合によっては、発注者が仕様内容を決定できないとか、よりレベルの高い内容を求めるようなときには、これに馴染まないことがある。
　そのようなときに、「価格」だけでなく、「企画内容」も含め提案を受けられるような方式を採用したい。

[効　果]
　企画提案方式を採用することにより、「予算の範囲内で」「最良と思われる企画内容」を実現できた。
　また、この方式は随意契約の一形態だが、第三者機関的な委員会等を設置し、そこで審議することで随意契約が持つ「公正性」「密室性」への疑念を払拭することも可能となった。

1. 企画提案方式の方法

① 企画提案

　企画提案による契約とは、地方公共団体が発注する契約について「複数の企業から、契約内容についての提案を募り、内容が優秀で、地方公共団体にとってもっとも有利な提案をした企業を契約の相手方に決定する」方式のことをいいます。

　いいかえると、随意契約の相手方を契約締結手続きの事前手続で、契約内容のレベル向上を基準に公正かつ経済的に選定する方式といえます。

② 企画提案方式の採用理由

　企画提案方式（企画コンペ方式）はなぜ考え出されたのでしょうか。競争入札方式を活用する場合は、発注者が仕様内容（仕様書）を決定して競争入札参加者に示し、入札参加者はこれを前提にして入札が実施されることになります。

しかし、このような方式に馴染まないケースが発生することがあり、それは「仕様内容」を地方公共団体が決定・作成できないか、あるいは地方公共団体が決定するよりレベルの高いものを求める場合です。

例えば、事実そのものを知らせるのではなく、キャラクター商品等を用いたキャンペーン広告を専門企業に委託外注しようとする場合を想定してみます。

この場合、「価格」も重要な要素ではありますが、仕様内容そのものが最重要なテーマであるといえます。つまり、提案を求める内容、広告の「企画」そのものに発注者は期待しており、「企画」そのものがもっとも重要な委託契約の要素なのであって、その企画を前提にした「価格」を含めて提案を求める方式であるということができます。

2. 手続

この方式を採用する際の留意点の第一は、契約手続の事前手続とはいいながら、企画提案に参加する者をどのように選定するかにあります。

そこでは、競争入札の参加者を選定することと類似してはいますが、企画を提案する者の選定ですので、特に提案された内容の達成能力のチェックが重要で、その有無・程度について、公正な立場から点検しなければなりません。

また、密室性からくるデメリットを排除する意味からも、情報公開の要求にも十分に耐えられることが求められます。

第二は、発注者が求める性能的な要求内容を参加者に周知・徹底することであり、それが、提案内容を公正に審査する前提となるということができます。

第三には、審査の公正性および妥当性の確保を図るため合議制の「審査委員会」を設定し、その人選も企画提案方式の趣旨に照らして適切に行うこと、また、その委員会を第三者機関的な位置づけにすることも有効でしょう。

最後に、審査内容の記録を適切に残すことです。その際、必要に応じて項目ごとに各委員が独立して判断したという記録が残る仕組みをつくり、公正な審査の達成と情報公開に対処することが重要であるといえます。

3. コメント

　企画提案方式と総合評価方式とが類似しているとの指摘に対しては、企画提案方式が特命随意契約の事前手続として実施するものをいい、競争入札の契約手続として実施するのが総合評価方式であるということができます。

　総合評価方式は、法令で一定のルールが規定されているのに対し、企画提案方式の運用は必要に応じて柔軟に実施することができ、企画提案方式では審査委員メンバーに地方議会の議員の参加を求めたり、必ずしも専門性に偏ることなく広く意見を求めることのできる活用しやすい方式であることから、この方式の利用を研究しておくとよいでしょう。

演習

　「企画提案方式」の実例を掲げ、ポイントを整理してみましょう。

【ねらい】

【効　果】

1．課題の整理

2．応用・工夫

3．手続

＜契約手続＞

●契約変更●

> 【ねらい】
> 　工事請負契約のような大規模で契約期間の長い契約には、当初の契約内容と異なる事態が多く発生し、減額の契約変更は変更手続を実施しないと公金の過大支出になるので是非変更すべきだが、これ以外にも放置すると大問題になる場合がある。
>
> 【効　果】
> 　契約変更は、古くて新しい課題なので、工期延長も含めて分類し、点検・整理してみよう。

1.　課題の整理

① 　広義の契約変更

　広義の契約変更は、民法上契約当事者間の合意によって自由になしうることを原則としており、契約の目的、契約金額、契約の主体の変更が考えられます。

　そして、その方法は、㋐契約を解除して新たに契約を締結し直す方法、㋑契約を変更する方法、㋒契約の同一性を失わないで契約を変更する方法があります。

　地方公共団体の契約の変更は、民法原則の適用はあるものの財務会計規定の制約を受け、公の利益が増進するような変更をなすべきとの制約を受けるものです。

② 　契約の同一性

　公共工事の契約締結に際して、地方公共団体は、設計図書に疑義が生じないようできる限り綿密に工事現場を調査し、十分な内容を持った設計図書を作成すべきであり、これこそが円滑な工事の施工に不可欠なものということができます。

　しかし、工事の施工中において、当初の想定と異なる施工条件が発生したり、地元との調整の関係上当初計画を変更せざるを得ない事情が生ずることがあります。このような場合に、地方公共団体は図面および仕

様書を変更しなければならないことになります。

ところで、通常の図面および仕様書の変更であれば、契約の同一性を失うような契約の変更が生ずることはまず想定しがたいところといえます。

したがって、条件変更や計画変更により契約変更手続を実施した後に、請負者に履行の続行を求め契約目的の達成を目指すことが、本来の意味での適正履行の確保に貢献することになるということができます。

③ 同一性が疑わしい場合

まれなことではありますが、工事施工中のトラブルを契約変更により対応しようとするとき、内容に著しい変更があり、原契約を根本から変えるとしかいいようのない変更が生じることがあり、これを契約変更で処理することは許されないというべきです。

例えば、請負金額が3分の2減少した場合は、契約の同一性を保ちながらの変更とは考えにくいということです。

そこで、このような場合の事後処理を実務的に検討すると選択肢は以下のようになります。

> ⑦ 受注者の解除権により契約解除し、その後に事後処理を行う方法
> ④ 発注者と受注者との間で、契約を締結する契約と反対の契約、すなわち「マイナスの契約」による解除を行い、その契約条件の中に事後処理を可能な限り盛り込む方法
> ⑨ 発注者と受注者との同意が得られれば、形式的には通常の契約変更手続を行う方法

以上、三つの選択肢の中で、⑨によることができる場合はこの方法によることを推奨したいと考えます。この方式は、実務上キズが少なく、発注者・受注者双方の信頼関係に問題を残さず解決できるといえるからです。

なお、この方式は形式的には契約変更手続により問題解決を図るものですが、法的な性格としては通常の契約変更とは異なることに注意すべきであるといえます。

④ 契約変更の可否

契約変更は、契約の同一性を失わない範囲であれば可能ですが、可能であることと実務において妥当であることとは別の問題であるといえます。

追加工事があり、契約金額が相当程度増額する場合には、契約変更手続によって対応することも可能ですが、追加工事が当初の工事と分離して施工できる場合は、原則として、別の工事請負として契約締結手続を行うことの方が適当であるということができます。

　　なお、契約議案として議会に付議した案件の契約変更については、特に注意すべきでしょう。

⑤　契約金額の変更

　　図面や仕様書の変更に応じて、契約金額を変更することになります。この場合、発注者も受注者も納得できるルールで金額を算出する必要があるとともに、公共工事の特性として、内部監査に対しても説得力のあるルールであることが重要です。

　　例えば、増額や減額するときの単価の決定について、工期が長い工事についてどの時点の価格を採用するのか、同一契約の中で一物一価の原則を守ることが、監査対策としては最低限のハードルとなるなど悩ましい問題です。

⑥　工期延長

　　公共工事において、設定された工期が守られるか否かは地方公共団体にとって重大関心事であるといえます。公共工事であるがゆえに、発注者としての立場というより、工事施工の遅れが住民サービスそのものの遅滞に結びつきかねないからです。

　　このため、公共工事の進行管理には十分な注意を払い、予定と異なる場合の対策は早目に対応するよう留意したいものです。

　　工期延長の原因と対応方法は次のとおりです。

> ⑦　工事施工に当たり、想定外の事情で「工事中止」が一定期間発生した場合には、受注者の責任は問われることなく、当然に必要期間の工期延長手続きがなされます。
> ⑦　異常気象により、10年に一度といえるような例外的な長雨となり、工事の進捗に著しい影響を与えた場合には、受注者の責任であると一方的に決めつけずに、例外的な措置として施工中の工事の実情を調査し、方針決定として「最大30日間の工期延長を実施する旨」の決定を行い、方針決定を基本にする柔軟な対応が、結果として適正履行の確保に大きな成果をあげることになります。
> 　ただし、一般的には、天候の変化は工期算定において折り込み済みの問題で、受注者の責任において対策を講ずべきもので

> す。
> ⑦　受注者の責に帰すべき事由としては、資材や労働力の調達に関する不手際、施工管理の誤りなど、工期内に工事を完成する見込みがないときです。この場合に、受注者の状況から、工期経過後相当期間内に竣工する見込みがないと認められるときは、発注者の解除権に基づき契約を解除することができます。そこまでの遅れでなければ、遅延違約金を徴収して工事を続行させることが、早期の工事竣工につながるといえます。

⑦　遅延違約金

　遅延違約金を徴収して工事の完成を求める場合の実務には、地方公共団体の実施約款に応じていくつかの方法がみられます。

　ただし、遅延違約金は損害金ではありますが、損害金を徴収することが目的ではなく早期完成を促進することにあることを忘れてはなりません。このため、遅延違約金の算定に当たっては、不用意な控除を認めずその効力の最大化に努める必要があります。

　また、遅延違約金を抽象的にでも早期に発生させ、債権の回収は相殺により確実に処理することです。なお、財務規則に違反して遅延損害金徴収の合意をしなかったことが村長の重大な過失に当たるとして、村長に損害賠償を命じた判例がありますので留意してください。

　ところで、公共工事によっては、通常の遅延違約金では少額すぎて間接強制効果が不十分な事例も見受けられます。このような場合には、特約条項を設けることも一策ですが、契約の相手方の選定段階から特別な注意を払うなど契約締結手続を通して総合的な配慮で解決するのが望ましいと考えます。

⑧　契約当事者の変更

ア　会社の合併

　合併とは、2以上の会社が契約によって1社に合同することで、合併後に存続する会社は、合併により消滅した会社の権利義務を包括的に承継することになります。

　したがって、地方公共団体が合併によって消滅した会社との間に締結した契約関係は、法律上当然に合併後に存続する会社に承継されることになり、存続会社と新たに契約書を取り交わす必要はありません。

　なお、合併の場合はその変更の登記がなされるので、後日の証拠として登記簿の謄本または抄本等の提出を求めるべきであり、このことは、商号の変更、代表取締役の変更についても同様です。

イ　会社の名称（商号）の変更

　商号とは、商人が営業活動上の自己を表示するために用いる名称のことで、原則として、商号の変更と会社の法人格の同一性とは関係はなく、商号の変更があったとしても変更前と変更後の会社は法律上同一であり、新たに契約書を取り交わす必要はありません。

ウ　会社の代表取締役の変更

　株式会社では、代表取締役が会社を代表します。そして、代表取締役の変更は、会社の代表権限をもつ者の交替であり、既に発生している地方公共団体と会社との法律関係に影響を与えることではないので、新たに契約書を取り交わす必要はありません。

2. コメント

　「契約変更」の取扱いは古くて新しい課題であり、事柄も多様ですが、その取扱い方によって当該契約が片務性の高い契約になってしまいかねないものです。

　したがって、契約変更の取扱いの基本には発注者・受注者平等の精神をおいて、発注者は、㋐予算がないこと等を理由に契約変更をしないよう、また受注者に強いることを慎むこと、㋑発生した個別の事柄のみに目を向けるのではなく、契約全体としての目的の達成を念頭に受注者と十分に協議することを忘れてはなりません。

演習

　「契約変更」の実例を掲げ、ポイントを整理してみましょう。

【ねらい】

【効　果】

1．課題の整理

2．応用・工夫

3．手続

●契約解除●

【ねらい】
　せっかく締結した契約を取り止めざるを得ない事態が発生することがあるが、そんなとき、短期的には契約を取り止めるが、長期的には信頼関係を継続できるような解決方法を採りたい。

【効　果】
　契約を取り止めるには、状況に適した手続を選択すべきで、発注者の解除権や協議解除の特性を活用して、短期的な課題解決と長期的信頼関係を両立させることができた。

1. 課題の整理

① 契約解除の意義

　地方公共団体は、その事業を遂行するうえでの必要性から民間企業と公共工事や物品の調達の契約を結ぶものですが、その必要がなくなったり、契約の履行ができなくなったりする場合があり、そのような場合に、広い意味での契約解除をすることになります。

　契約の解除は、契約の一方の当事者がその意思表示（単独行為）により既に有効に成立している契約の効力を解消させ、その契約が存在しなかったのと同様の法律効果を生じさせるものです。

② 契約解除の類型

　契約の解除には、㋐契約当事者が契約約款に解除権について定めることによって発生する場合と、㋑法律の規定に基づいて発生する場合があります。前者は「約定解除」と呼ばれ、後者は「法定解除」と呼ばれています。そして、発注者および受注者の約定解除と、発注者および受注者の法定解除に分類されます。

　また、広い意味での契約解除としては、契約の両当事者が既に成立している契約を別の新たな契約によって解約する協議解除があり、これは合意解除または解除契約と呼ばれることもあります。

③ 法定解除と地方公共団体の契約約款

　法定解除には、民法の規定に基づく一般的なものとして債務不履行による解除権などがありますが、地方公共団体では、法定解除も含めて契

約約款に解除権について規定しているのが一般的です。

したがって、地方公共団体が行使する契約解除は、約定解除の形をとることになります。

契約の当事者が解除権を行使するには、相手方の意思表示と合致することを必要とせず、単独行為で、一方だけの意思表示により法的効力を発生させるというものです。

④ 発注者の解除権

発注者が解除権を行使する場合の主なものは、次のとおりです。

> ⑦ 正当な理由なく、工事に着手すべき期日を過ぎても工事に着手しないとき。
> ⑦ その責に帰すべき理由により工期内に完成しないとき、または工期経過後相当の期間内に工事を完成させる見込みが明らかにないと認められるとき。
> ⑦ 受注者の解除権の規定によらないで、契約の解除を申し出たとき。

一般的な事例としては、いわゆる倒産状態である場合が想定されます。

発注者が解除権を行使する際は、解除権を行使する前にまず受注者に対し催告を行うのが一般的です。催告の様式に制限はありませんが、何か証拠が残る形で行わなければなりません。

このような場合において、実務上、受注者から解除申出書を受領しておくのも、後日争いにならないので有効です。

これは、「受注者の解除の申出」に対して発注者が解約することを応諾するのではなく、「受注者の解除の申出」が発注者の解除権に該当することから、契約解除する旨を一方的に通知するという法的効果を意図した工夫です。

このように、解除権の行使は「けんか別れ」に効果的であるといえます。

2. 手続

① 契約解除の事務手続

発注者が解除権を行使する際は、受注者に対して催告を行い、受注者が催告に応じないときは、解除通知を内容証明郵便で送付します。内容

証明郵便とするのは、それにより、文書の内容について後日の証拠として郵便局が証明してくれるシステムだからです。

また、発注者が解除権を行使する場合は、一般的に受注者の履行不能の状態ですから、受注者側から違約金を徴取することになります。解約違約金は契約金額の10分の1相当額となりますが、検査合格した既済部分がある場合はそれに相応する契約金額相当額を控除した額、すなわち未履行相当の額の10分の1相当となるよう契約約款で減額措置を規定していることが多くみられます。

この違約金の発生は地方公共団体として義務的なもので、その確保に努力しなければなりません。清算検査の結果、既済部分の出来高債権が存在する場合は、支払い済みの前払金を充当し、残りがあれば違約金を出来高債権と相殺するのが一般的な事務処理です。

また、契約解除により、受注者は競争入札への参加禁止の規定に該当することになるので、期間を定めて決定し、その旨を相手方に通知します。

② 受注者の解除権

受注者が解除権を行使する場合の主なものは、次のとおりです。

> ⑦ 設計図書の変更により契約金額が3分の2以上減少したとき。
> ⑦ 工事の中止期間が工期の10分の5を超えたとき。
> ⑦ 発注者が契約に違反し、その違反によって契約の履行が不可能になったとき。

いずれも、発注者が契約目的の達成のための役割を果たしていないことが最大の原因です。

一方、受注者が解除権を行使することは、最後の手段として用意されているものであるということができます。したがって、継続的な取引関係を良好に保つことを希望している企業が解除権を行使せざるを得ない立場にならないよう、発注者には最大限の努力が求められるとともに、受注者の解除権の行使に対して不利益な措置をとるようなことをしてはならないのはいうまでもありません。

3. コメント

　解除権の行使は単独行為により行われるため、その行使の適正化に十分に留意したとしても、相手方との意思疎通が不十分で納得がいかないとして紛争にまで発展することもあります。

　特に、受注者の解除権に該当する事態の解決には、将来の良好な取引関係を保ち続け、事後処理も円滑に解決したいと考える日本社会の習慣と解除権の行使という単独行為による解決策はなじみにくいといえます。

　そこで、考えられるのが協議（合意）解除です。これは、契約当事者が既存の契約を後日別の新たな契約をもって解消させるもので、契約の成立が「プラスの契約」だとすれば、協議解除は契約を取り止めるという「マイナスの契約」ということができます。

　協議解除の実務は、事前に清算検査を実施して出来高を確定し、前払金の清算、工事現場の事後処理等を決定して、それらを契約条件として協議解除するものです。

　このように、協議解除を活用することにより信頼関係を損ねることなく、契約を解除することができます。

　なお、協議解除によって、受注者側に違約金の支払い義務が生じたり、入札参加禁止とならないのはいうまでもありません。

演習
　「契約解除」の実例を掲げ、ポイントを整理してみましょう。

【ねらい】

【効　果】

1．課題の整理

2．応用・工夫

3．手続

＜議会対策・その他＞

●契約議案の審査●

> 【ねらい】
>   契約議案の審査というと「契約締結手続に関するもの」と思いがちだが、一定金額以上の「工事又は製造の請負契約」についての審査なので、「工事内容に関するもの」の審査も実施されることになる。
>
> 【効　果】
>   「工事内容に関する」審査についての下記「2．応用・工夫」事例を参照のこと。

1. 課題の整理

　一定金額以上の「工事又は製造の請負契約」については、契約議案として議会の議決を経ることが定められていますが、その議会の審査内容は「工事内容に関するもの」と「契約締結手続に関するもの」とに大別され、審査は常任委員会で行われます。その際、当該常任委員会になる委員会は、契約所管の常任委員会が一般的でしょう。

　具体的な審査において「契約締結手続に関するもの」については、所管常任委員による質疑と契約担当職員による答弁・説明により十分な内容が保障されており、制度趣旨が果たされているといえます。しかし、「工事内容に関するもの」の審査については、現実的な工夫が必要になります。

2. 応用・工夫

　「工事内容に関する」質問に対して、契約担当の職員が十分な答弁・説明をするには、相当な困難があります。たとえ事前に契約議案の工事内容を調査し、工事現場の実地調査等に努めたとしても、過去の沿革や専門技術に関する質問については、ほぼ不可能といってよく、全体としても無理があるといえます。

　このように答弁者側の事情だけであれば、契約所管の常任委員会に工事内容所管の職員を出席させ答弁させることにより問題解決が可能です。

　しかし、質問者側から次のような要望があることもあります。当該工

事内容について継続して関心のある工事内容所管の常任委員会のメンバーが、過去の沿革を含めた質問を行いたいというものです。

　このような事態に対して、現実的な工夫事例があります。それは「工事内容に関する審査」について、契約所管の常任委員会から工事内容所管の常任委員会へ調査依頼を行い、その審議を先行して実施するものです。

　工事内容所管の常任委員会では、当該工事内容に関する予算質疑や事業の進行状況の報告などもなされていることもあり、過去の沿革を含め整合性のとれた審査が実施されることができます。

　そして、工事内容所管の常任委員会の回答を得たうえで、契約所管の常任委員会が「契約締結手続」の審査を行うというものです。

　これ以外には、契約所管の常任委員会と工事内容所管の常任委員会が合同で審査する例がみうけられます。

3. コメント

　それぞれの専門常任委員会の機能が活用されていて、法が期待する成果を上げることが可能になる現実的工夫事例を参考にして、実務においての改善努力に役立てていきたいものです。

　ところで、契約議案の審査についての工夫は、議会側の意向が重要な比重を占めているのはいうまでもありません。拙速にならないよう十分に留意し、ねばり強くタイムリーな交渉の積み重ねが問題解決への道といえます。

演習

「契約議案の審査」の実例を掲げ、ポイントを整理してみましょう。

【ねらい】

【効　果】

1．課題の整理

2．応用・工夫

3．手続

●契約議案の否決●

> 【ねらい】
> 「長と議会の関係」を契約議案の否決を例に検討してみる。
>
> 【効　果】
> 具体的な事例を通して「長と議会の関係」をみると、地味で誠実な日常活動がすべての基本だとわかる。

1. 課題の整理

　熟練した契約事務担当者がルールどおり契約締結手続を進め、首長が議会に提案した契約議案は、順調に審査のうえ可決されることが多いのはいうまでもありません。しかし、可決される見通しの困難な契約議案が存在することも事実です。

　議会審査の結果、契約締結手続に瑕疵があったり、手続が不適切だとの指摘を受けたのであれば、契約議案の否決も甘受すべきで、当該契約議案を取り下げることも考えるべきです。

　しかし、契約議案が否決されそうになった事例で契約締結手続に問題がある例は非常に少なく、「工事内容に関するもの」についての指摘事例が大部分といえましょう。

　市民センター建設工事請負契約を例にとりますと、「市民センターの規模が過大ではないか。」「設備のグレードが高級すぎる。」といった質疑があったりするのです。

　いうまでもなく、市民センター建設の予算は議会において審議されたうえで成立していますが、その予算執行においても、工事内容に関する質疑は多くあり、十分な説明・答弁が必要になります。

2. 応用・工夫

　極端な事例ですが、これで検討してみましょう。

　多数与党の前市長が一身上の都合で突然辞任し、その後の市長選挙で少数派の市長が当選した事例です。前市長が市議会の多数与党議員と連携して、仮契約まで完了している市民センター建設工事請負契約を新市

長は、住民福祉向上に有効として、その契約議案を一切手直しせずに市議会に提案しました。

市議会での審査では、工事内容に関する質疑が多くあり、新市長と議会の多数野党との紛争の材料になっていました。

理性的に考えると、現野党（前与党）が希望したとおりの市民センター建設が野党の多数で否決されるのは、理解し難いものですが、現実になりそうなのです。

新市長サイドでの選択肢を検討しますと、まず、「否決」されることが想定されます。しかし、この選択肢は、長と議会との関係をより一層悪化させることになるので、最悪の選択肢であり是非とも避けたいものです。

次に、「工事内容」の検討と、たかぶった感情のクール・ダウンの両面作戦を検討しましょう。

具体的には、最悪の事態の「否決」を避けるため、場合によっては「議案の取り下げ」を胸にもち、時間の経過と事情の変化による工事内容の変更可能性を探り、会期中の結論が困難な場合は、次の定例会への継続審議の可能性を検討すべきでしょう。

このような努力の積み重ねの結果、本件事例は2回の定例市議会の継続審議を経て、可決されています。

3. コメント

「長と議会の関係」についての法の規定は抽象的なので、「契約議案の否決」という具体的事例を検討するときは、それぞれの地方公共団体の地域事情や個別の背景が異なっていて、画一的な判断では解決に至ることはできません。具体事例の問題解決をとおした誠実な交渉の積み重ねが、立場の異なる「長」と「議会」との信頼関係を築いていくものだということができます。

> **演習**
> 「契約議案の否決」の実例を掲げ、ポイントを整理してみましょう。
>
> 【ねらい】
>
> 【効　果】
>
> 1．課題の整理
>
> 2．応用・工夫
>
> 3．手続

●暴力団排除条例●

> 【ねらい】
> 　暴力団の勢力拡大を阻むため、一般市民に暴力団とのかかわりを規制したのが特徴の「暴力団排除条例」が、全国で成立しているが、これは地方公共団体の契約の相手方から暴力団員を排除することも狙っている。
>
> 【効　果】
> 　暴力団排除条例については、その普及と運用において警察サイドと地方公共団体の連携プレイに注目して、その成果を期待したい。

1. 課題の整理

　暴力団を利用しようとしたり、不動産を組事務所として貸したりすることを禁じる「暴力団排除条例」が平成23（2011）年3月末までに46都道府県で成立し、30道府県では施行しています。

　近年、広域暴力団が寡占化し、手口もますます巧妙化してきていて、平成4（1992）年には「暴力団員による不当な行為の防止等に関する法律」が施行していますが、平成22（2010）年末の準構成員を合わせた暴力団員数は7万8,600人で前年比減少はしたものの、依然として勢力は衰えていません。

　このような状況の中で成立した「暴力団排除条例」は、暴力団の勢力拡大を阻むため、一般市民に対し暴力団とのかかわりを規制したのが特徴で、違反者には公安委員会が勧告し、場合によっては氏名を公表することとしています。

　警察庁は暴力団の資金の流れを絶ち、活動を弱体化させる手だてになるとしています。

　また、都道府県の事業全般において、契約の相手方が暴力団員であることが分かった場合は、無催告で契約を解除することとし、このための特約条項を契約条項に加えることを定める例も多くみうけられます。

2. 応用・工夫

　地方公共団体としては、その事務事業や公共工事をはじめとする契約の相手方等から暴力団および暴力団員を排除しようとすることは当り前のことです。このための取り組みや努力を「契約関係暴力対策要綱」などにより、過去20年以上にわたり続けてきましたが、明確な成果を上げることができませんでした。

　その最大の理由は、排除措置の対象か否かの事実確認調査の困難性にあります。暴力団員といえども一般社会用のコートをまとい、巧妙に姿を隠しているのが通常です。また、暴力団の存在が一般社会と異なる闇の社会の存在であり、一般社会側の人にとって馴染みの少ないことも加わって、事実確認調査には相当な困難が存在したのです。

　これに対して、「暴力団排除条例」は、警察庁が各地の警察本部に働きかけ全国に広がったものです。しかも、排除対象の事実確認調査において、警察サイドが積極的にその役割を果たしており、明確な成果が期待できるシステムということができます。

3. コメント

　地方公共団体の契約の相手方から暴力団員を排除するための「暴力団排除条例」が必要か否かについては、地方公共団体としての強固な意思と毅然とした態度を表明するものと理解すべきで、地方公共団体と警察サイドとの円滑な連携を評価し、今後に期待したいものです。

> **演習**
> 　「暴力団排除」の実例を掲げ、ポイントを整理してみましょう。
>
> 【ねらい】
>
> 【効　果】
>
> 1．課題の整理
>
> 2．応用・工夫
>
> 3．手続

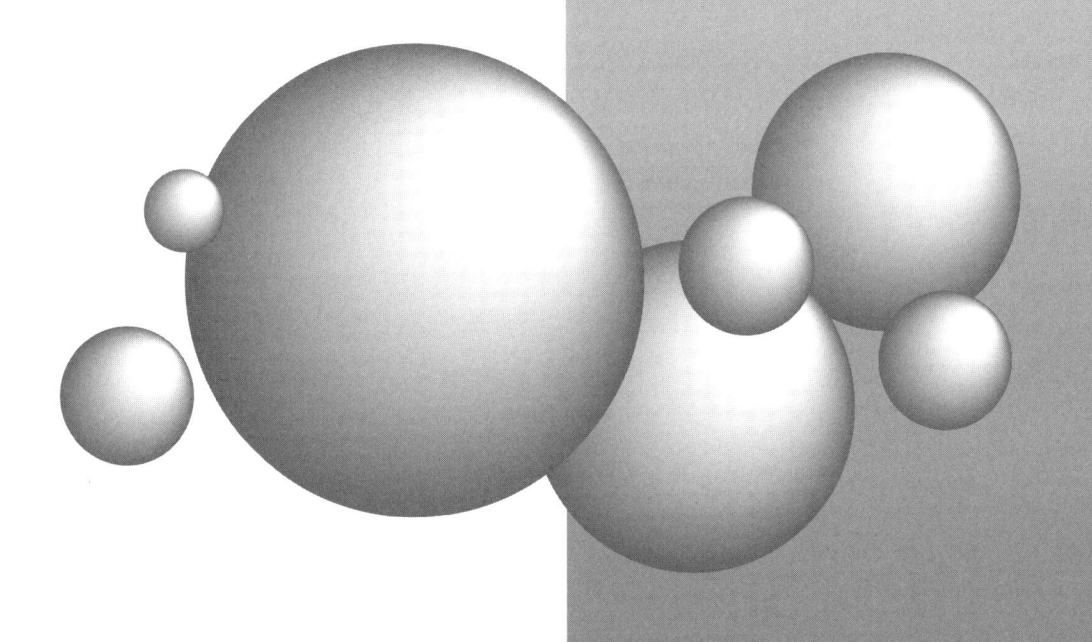

資料

日本国憲法〔抄〕

(昭和21年11月3日公布)

　日本国民は、正当に選挙された国会における代表者を通じて行動し、われらとわれらの子孫のために、諸国民との協和による成果と、わが国全土にわたつて自由のもたらす恵沢を確保し、政府の行為によつて再び戦争の惨禍が起ることのないやうにすることを決意し、ここに主権が国民に存することを宣言し、この憲法を確定する。そもそも国政は、国民の厳粛な信託によるものであつて、その権威は国民に由来し、その権力は国民の代表者がこれを行使し、その福利は国民がこれを享受する。これは人類普遍の原理であり、この憲法は、かかる原理に基くものである。われらは、これに反する一切の憲法、法令及び詔勅を排除する。

　日本国民は、恒久の平和を念願し、人間相互の関係を支配する崇高な理想を深く自覚するのであつて、平和を愛する諸国民の公正と信義に信頼して、われらの安全と生存を保持しようと決意した。われらは、平和を維持し、専制と隷従、圧迫と偏狭を地上から永遠に除去しようと努めてゐる国際社会において、名誉ある地位を占めたいと思ふ。われらは、全世界の国民が、ひとしく恐怖と欠乏から免かれ、平和のうちに生存する権利を有することを確認する。

　われらは、いづれの国家も、自国のことのみに専念して他国を無視してはならないのであつて、政治道徳の法則は、普遍的なものであり、この法則に従ふことは、自国の主権を維持し、他国と対等関係に立たうとする各国の責務であると信ずる。

　日本国民は、国家の名誉にかけ、全力をあげてこの崇高な理想と目的を達成することを誓ふ。

第8章　地方自治

第92条　地方公共団体の組織及び運営に関する事項は、地方自治の本旨に基いて、法律でこれを定める。

第93条　地方公共団体には、法律の定めるところにより、その議事機関として議会を設置する。

②　地方公共団体の長、その議会の議員及び法律の定めるその他の吏員は、その地方公共団体の住民が、直接これを選挙する。

第94条　地方公共団体は、その財産を管理し、事務を処理し、及び行政を執行する権能を有し、法律の範囲内で条例を制定することができる。

第95条　一の地方公共団体のみに適用される特別法は、法律の定めるところにより、その地方公共団体の住民の投票においてその過半数の同意を得なければ、国会は、これを制定することができない。

第11章　補則

第100条　この憲法は、公布の日から起算して6箇月を経過した日から、これを施行する。

②　この憲法を施行するために必要な法律の制定、参議院議員の選挙及び国会召集の手続並びにこの憲法を施行するために必要な準備手続は、前項の期日よりも前に、これを行ふことができる。

● 地方自治法〔抄〕

(昭和22年4月17日法律第67号)
最終改正：平成23年4月29日法律第33号

第1編　総則

第1条　この法律は、地方自治の本旨に基いて、地方公共団体の区分並びに地方公共団体の組織及び運営に関する事項の大綱を定め、併せて国と地方公共団体との間の基本的関係を確立することにより、地方公共団体における民主的にして能率的な行政の確保を図るとともに、地方公共団体の健全な発達を保障することを目的とする。

第1条の2　地方公共団体は、住民の福祉の増進を図ることを基本として、地域における行政を自主的かつ総合的に実施する役割を広く担うものとする。

② 国は、前項の規定の趣旨を達成するため、国においては国際社会における国家としての存立にかかわる事務、全国的に統一して定めることが望ましい国民の諸活動若しくは地方自治に関する基本的な準則に関する事務又は全国的な規模で若しくは全国的な視点に立つて行わなければならない施策及び事業の実施その他の国が本来果たすべき役割を重点的に担い、住民に身近な行政はできる限り地方公共団体にゆだねることを基本として、地方公共団体との間で適切に役割を分担するとともに、地方公共団体に関する制度の策定及び施策の実施に当たつて、地方公共団体の自主性及び自立性が十分に発揮されるようにしなければならない。

第1条の3　地方公共団体は、普通地方公共団体及び特別地方公共団体とする。

② 普通地方公共団体は、都道府県及び市町村とする。

③ 特別地方公共団体は、特別区、地方公共団体の組合、財産区及び地方開発事業団とする。

第2条　地方公共団体は、法人とする。

② 普通地方公共団体は、地域における事務及びその他の事務で法律又はこれに基づく政令により処理することとされるものを処理する。

③ 市町村は、基礎的な地方公共団体として、第5項において都道府県が処理するものとされているものを除き、一般的に、前項の事務を処理するものとする。ただし、第5項に規定する事務のうち、その規模又は性質において一般の市町村が処理することが適当でないと認められるものについては、当該市町村の規模及び能力に応じて、これを処理することができる。

④ 市町村は、その事務を処理するに当たつては、議会の議決を経てその地域における総合的かつ計画的な行政の運営を図るための基本構想を定め、これに即して行なうようにしなければならない。

⑤ 都道府県は、市町村を包括する広域の地方公共団体として、第2項の事務で、広域にわたるもの、市町村に関する連絡調整に関するもの及びその規模又は性質において一般の市町村が処理することが適当でないと認められるものを処理するものとする。

⑥ 都道府県及び市町村は、その事務を処理するに当つては、相互に競合しないようにしなければならない。

⑦ 特別地方公共団体は、この法律の定めるところにより、その事務を処理する。

⑧ この法律において「自治事務」とは、地方公共団体が処理する事務のうち、法

定受託事務以外のものをいう。
⑨　この法律において「法定受託事務」とは、次に掲げる事務をいう。
　一　法律又はこれに基づく政令により都道府県、市町村又は特別区が処理することとされる事務のうち、国が本来果たすべき役割に係るものであつて、国においてその適正な処理を特に確保する必要があるものとして法律又はこれに基づく政令に特に定めるもの（以下「第一号法定受託事務」という。）
　二　法律又はこれに基づく政令により市町村又は特別区が処理することとされる事務のうち、都道府県が本来果たすべき役割に係るものであつて、都道府県においてその適正な処理を特に確保する必要があるものとして法律又はこれに基づく政令に特に定めるもの（以下「第二号法定受託事務」という。）
⑩　この法律又はこれに基づく政令に規定するもののほか、法律に定める法定受託事務は第一号法定受託事務にあつては別表第1の上欄に掲げる法律についてそれぞれ同表の下欄に、第二号法定受託事務にあつては別表第2の上欄に掲げる法律についてそれぞれ同表の下欄に掲げるとおりであり、政令に定める法定受託事務はこの法律に基づく政令に示すとおりである。
⑪　地方公共団体に関する法令の規定は、地方自治の本旨に基づき、かつ、国と地方公共団体との適切な役割分担を踏まえたものでなければならない。
⑫　地方公共団体に関する法令の規定は、地方自治の本旨に基づいて、かつ、国と地方公共団体との適切な役割分担を踏まえて、これを解釈し、及び運用するようにしなければならない。この場合において、特別地方公共団体に関する法令の規定は、この法律に定める特別地方公共団体の特性にも照応するように、これを解釈し、及び運用しなければならない。
⑬　法律又はこれに基づく政令により地方公共団体が処理することとされる事務が自治事務である場合においては、国は、地方公共団体が地域の特性に応じて当該事務を処理することができるよう特に配慮しなければならない。
⑭　地方公共団体は、その事務を処理するに当つては、住民の福祉の増進に努めるとともに、最少の経費で最大の効果を挙げるようにしなければならない。
⑮　地方公共団体は、常にその組織及び運営の合理化に努めるとともに、他の地方公共団体に協力を求めてその規模の適正化を図らなければならない。
⑯　地方公共団体は、法令に違反してその事務を処理してはならない。なお、市町村及び特別区は、当該都道府県の条例に違反してその事務を処理してはならない。
⑰　前項の規定に違反して行つた地方公共団体の行為は、これを無効とする。

第6章　議会
第2節　権限
第96条　普通地方公共団体の議会は、次に掲げる事件を議決しなければならない。
　一　条例を設け又は改廃すること。
　二　予算を定めること。
　三　決算を認定すること。
　四　法律又はこれに基づく政令に規定するものを除くほか、地方税の賦課徴収又は分担金、使用料、加入金若しくは手数料の徴収に関すること。
　五　その種類及び金額について政令で定める基準に従い条例で定める契約を締結

すること。
六　条例で定める場合を除くほか、財産を交換し、出資の目的とし、若しくは支払手段として使用し、又は適正な対価なくしてこれを譲渡し、若しくは貸し付けること。
七　不動産を信託すること。
八　前2号に定めるものを除くほか、その種類及び金額について政令で定める基準に従い条例で定める財産の取得又は処分をすること。
九　負担付きの寄附又は贈与を受けること。
十　法律若しくはこれに基づく政令又は条例に特別の定めがある場合を除くほか、権利を放棄すること。
十一　条例で定める重要な公の施設につき条例で定める長期かつ独占的な利用をさせること。
十二　普通地方公共団体がその当事者である審査請求その他の不服申立て、訴えの提起（普通地方公共団体の行政庁の処分又は裁決（行政事件訴訟法第3条第2項に規定する処分又は同条第3項に規定する裁決をいう。以下この号、第105条の2、第192条及び第199条の3第3項において同じ。）に係る同法第11条第1項（同法第38条第1項（同法第43条第2項において準用する場合を含む。）又は同法第43条第1項において準用する場合を含む。）の規定による普通地方公共団体を被告とする訴訟（以下この号、第105条の2、第192条及び第199条の3第3項において「普通地方公共団体を被告とする訴訟」という。）に係るものを除く。）、和解（普通地方公共団体の行政庁の処分又は裁決に係る普通地方公共団体を被告とする訴訟に係るものを除く。）、あつせん、調停及び仲裁に関すること。
十三　法律上その義務に属する損害賠償の額を定めること。
十四　普通地方公共団体の区域内の公共的団体等の活動の総合調整に関すること。
十五　その他法律又はこれに基づく政令（これらに基づく条例を含む。）により議会の権限に属する事項
② 前項に定めるものを除くほか、普通地方公共団体は、条例で普通地方公共団体に関する事件（法定受託事務に係るものを除く。）につき議会の議決すべきものを定めることができる。

　　　第7章　執行機関
　　　　第2節　普通地方公共団体の長
　　　　　第2款　権限
第147条　普通地方公共団体の長は、当該普通地方公共団体を統轄し、これを代表する。
第148条　普通地方公共団体の長は、当該普通地方公共団体の事務を管理し及びこれを執行する。
第149条　普通地方公共団体の長は、概ね左に掲げる事務を担任する。
一　普通地方公共団体の議会の議決を経べき事件につきその議案を提出すること。
二　予算を調製し、及びこれを執行すること。

三　地方税を賦課徴収し、分担金、使用料、加入金又は手数料を徴収し、及び過料を科すること。
四　決算を普通地方公共団体の議会の認定に付すること。
五　会計を監督すること。
六　財産を取得し、管理し、及び処分すること。
七　公の施設を設置し、管理し、及び廃止すること。
八　証書及び公文書類を保管すること。
九　前各号に定めるものを除く外、当該普通地方公共団体の事務を執行すること。

第152条　普通地方公共団体の長に事故があるとき、又は長が欠けたときは、副知事又は副市町村長がその職務を代理する。この場合において副知事又は副市町村長が2人以上あるときは、あらかじめ当該普通地方公共団体の長が定めた順序、又はその定めがないときは席次の上下により、席次の上下が明らかでないときは年齢の多少により、年齢が同じであるときはくじにより定めた順序で、その職務を代理する。

②　副知事若しくは副市町村長にも事故があるとき若しくは副知事若しくは副市町村長も欠けたとき又は副知事若しくは副市町村長を置かない普通地方公共団体において当該普通地方公共団体の長に事故があるとき若しくは当該普通地方公共団体の長が欠けたときは、その補助機関である職員のうちから当該普通地方公共団体の長の指定する職員がその職務を代理する。

③　前項の場合において、同項の規定により普通地方公共団体の長の職務を代理する者がないときは、その補助機関である職員のうちから当該普通地方公共団体の規則で定めた上席の職員がその職務を代理する。

第153条　普通地方公共団体の長は、その権限に属する事務の一部をその補助機関である職員に委任し、又はこれに臨時に代理させることができる。

②　普通地方公共団体の長は、その権限に属する事務の一部をその管理に属する行政庁に委任することができる。

第180条　普通地方公共団体の議会の権限に属する軽易な事項で、その議決により特に指定したものは、普通地方公共団体の長において、これを専決処分にすることができる。

②　前項の規定により専決処分をしたときは、普通地方公共団体の長は、これを議会に報告しなければならない。

第9章　財務
第1節　会計年度及び会計の区分
（会計年度及びその独立の原則）

第208条　普通地方公共団体の会計年度は、毎年4月1日に始まり、翌年3月31日に終わるものとする。

2　各会計年度における歳出は、その年度の歳入をもつて、これに充てなければならない。

第6節　契約
（契約の締結）

第234条　売買、貸借、請負その他の契約は、一般競争入札、指名競争入札、随意

契約又はせり売りの方法により締結するものとする。
2　前項の指名競争入札、随意契約又はせり売りは、政令で定める場合に該当するときに限り、これによることができる。
3　普通地方公共団体は、一般競争入札又は指名競争入札（以下この条において「競争入札」という。）に付する場合においては、政令の定めるところにより、契約の目的に応じ、予定価格の制限の範囲内で最高又は最低の価格をもって申込みをした者を契約の相手方とするものとする。ただし、普通地方公共団体の支出の原因となる契約については、政令の定めるところにより、予定価格の制限の範囲内の価格をもって申込みをした者のうち最低の価格をもって申込みをした者以外の者を契約の相手方とすることができる。
4　普通地方公共団体が競争入札につき入札保証金を納付させた場合において、落札者が契約を締結しないときは、その者の納付に係る入札保証金（政令の定めるところによりその納付に代えて提供された担保を含む。）は、当該普通地方公共団体に帰属するものとする。
5　普通地方公共団体が契約につき契約書又は契約内容を記録した電磁的記録を作成する場合においては、当該普通地方公共団体の長又はその委任を受けた者が契約の相手方とともに、契約書に記名押印し、又は契約内容を記録した電磁的記録に当該普通地方公共団体の長若しくはその委任を受けた者及び契約の相手方の作成に係るものであることを示すために講ずる措置であって、当該電磁的記録が改変されているかどうかを確認することができる等これらの者の作成に係るものであることを確実に示すことができるものとして総務省令で定めるものを講じなければ、当該契約は、確定しないものとする。
6　競争入札に加わろうとする者に必要な資格、競争入札における公告又は指名の方法、随意契約及びせり売りの手続その他契約の締結の方法に関し必要な事項は、政令でこれを定める。

（契約の履行の確保）
第234条の2　普通地方公共団体が工事若しくは製造その他についての請負契約又は物件の買入れその他の契約を締結した場合においては、当該普通地方公共団体の職員は、政令の定めるところにより、契約の適正な履行を確保するため又はその受ける給付の完了の確認（給付の完了前に代価の一部を支払う必要がある場合において行なう工事若しくは製造の既済部分又は物件の既納部分の確認を含む。）をするため必要な監督又は検査をしなければならない。
2　普通地方公共団体が契約の相手方をして契約保証金を納付させた場合において、契約の相手方が契約上の義務を履行しないときは、その契約保証金（政令の定めるところによりその納付に代えて提供された担保を含む。）は、当該普通地方公共団体に帰属するものとする。ただし、損害の賠償又は違約金について契約で別段の定めをしたときは、その定めたところによるものとする。

（長期継続契約）
第234条の3　普通地方公共団体は、第214条の規定にかかわらず、翌年度以降にわたり、電気、ガス若しくは水の供給若しくは電気通信役務の提供を受ける契約又は不動産を借りる契約その他政令で定める契約を締結することができる。この場合においては、各年度におけるこれらの経費の予算の範囲内においてその給付を受けなければならない。

附　則〔抄〕
第1条　この法律は、日本国憲法施行の日から、これを施行する。
第2条　東京都制、道府県制、市制及び町村制は、これを廃止する。但し、東京都制第189条乃至第191条及び第198条の規定は、なお、その効力を有する。
第4条　この法律又は他の法律に特別の定があるものを除く外、都道府県に関する職制に関しては、当分の間、なお、従前の都庁府県に関する官制の規定を準用する。但し、政令で特別の規定を設けることができる。

● 地方自治法施行令〔抄〕

(昭和22年5月3日政令第16号)
最終改正：平成23年4月29日政令第114号

第1編　総則
　第3章　議会

第121条の2　地方自治法第96条第1項第5号に規定する政令で定める基準は、契約の種類については、別表第3上欄に定めるものとし、その金額については、その予定価格の金額が同表下欄に定める金額を下らないこととする。

② 　地方自治法第96条第1項第8号に規定する政令で定める基準は、財産の取得又は処分の種類については、別表第4上欄に定めるものとし、その金額については、その予定価格の金額が同表下欄に定める金額を下らないこととする。

　第5章　財務
　　第6節　契約

（指名競争入札）

第167条　地方自治法第234条第2項の規定により指名競争入札によることができる場合は、次の各号に掲げる場合とする。
　一　工事又は製造の請負、物件の売買その他の契約でその性質又は目的が一般競争入札に適しないものをするとき。
　二　その性質又は目的により競争に加わるべき者の数が一般競争入札に付する必要がないと認められる程度に少数である契約をするとき。
　三　一般競争入札に付することが不利と認められるとき。

（随意契約）

第167条の2　地方自治法第234条第2項の規定により随意契約によることができる場合は、次に掲げる場合とする。
　一　売買、貸借、請負その他の契約でその予定価格（貸借の契約にあつては、予定賃貸借料の年額又は総額）が別表第5上欄に掲げる契約の種類に応じ同表下欄に定める額の範囲内において普通地方公共団体の規則で定める額を超えないものをするとき。
　二　不動産の買入れ又は借入れ、普通地方公共団体が必要とする物品の製造、修理、加工又は納入に使用させるため必要な物品の売払いその他の契約でその性質又は目的が競争入札に適しないものをするとき。
　三　障害者自立支援法（平成17年法律第123号）第5条第12項に規定する障害者支援施設（以下この号において「障害者支援施設」という。）、同条第21項に規定する地域活動支援センター（以下この号において「地域活動支援センター」という。）、同条第1項に規定する障害福祉サービス事業（同条第6項に規定する生活介護、同条第14項に規定する就労移行支援又は同条第15項に規定する就労継続支援を行う事業に限る。以下この号において「障害福祉サービス事業」という。）を行う施設若しくは小規模作業所（障害者基本法（昭和45年法律第84号）第2条に規定する障害者の地域における作業活動の場として同法第15条第3項の規定により必要な費用の助成を受けている施設をいう。以下この号において同じ。）において製作された物品を普通地方公共団体の規則で定める手

続により買い入れる契約、障害者支援施設、地域活動支援センター、障害福祉サービス事業を行う施設、小規模作業所、高年齢者等の雇用の安定等に関する法律（昭和46年法律第68号）第41条第1項に規定するシルバー人材センター連合若しくは同条第2項に規定するシルバー人材センターから普通地方公共団体の規則で定める手続により役務の提供を受ける契約又は母子及び寡婦福祉法（昭和39年法律第129号）第6条第6項に規定する母子福祉団体が行う事業でその事業に使用される者が主として同項に規定する配偶者のない女子で現に児童を扶養しているもの及び同条第3項に規定する寡婦であるものに係る役務の提供を当該母子福祉団体から普通地方公共団体の規則で定める手続により受ける契約をするとき。

四　新商品の生産により新たな事業分野の開拓を図る者として総務省令で定めるところにより普通地方公共団体の長の認定を受けた者が新商品として生産する物品を、普通地方公共団体の規則で定める手続により、買い入れる契約をするとき。

五　緊急の必要により競争入札に付することができないとき。

六　競争入札に付することが不利と認められるとき。

七　時価に比して著しく有利な価格で契約を締結することができる見込みのあるとき。

八　競争入札に付し入札者がないとき、又は再度の入札に付し落札者がないとき。

九　落札者が契約を締結しないとき。

2　前項第8号の規定により随意契約による場合は、契約保証金及び履行期限を除くほか、最初競争入札に付するときに定めた予定価格その他の条件を変更することができない。

3　第1項第9号の規定により随意契約による場合は、落札金額の制限内でこれを行うものとし、かつ、履行期限を除くほか、最初競争入札に付するときに定めた条件を変更することができない。

4　前2項の場合においては、予定価格又は落札金額を分割して計算することができるときに限り、当該価格又は金額の制限内で数人に分割して契約を締結することができる。

（せり売り）

第167条の3　地方自治法第234条第2項の規定によりせり売りによることができる場合は、動産の売払いで当該契約の性質がせり売りに適しているものをする場合とする。

（一般競争入札の参加者の資格）

第167条の4　普通地方公共団体は、特別の理由がある場合を除くほか、一般競争入札に当該入札に係る契約を締結する能力を有しない者及び破産者で復権を得ない者を参加させることができない。

2　普通地方公共団体は、一般競争入札に参加しようとする者が次の各号のいずれかに該当すると認められるときは、その者について3年以内の期間を定めて一般競争入札に参加させないことができる。その者を代理人、支配人その他の使用人又は入札代理人として使用する者についても、また同様とする。

一　契約の履行に当たり、故意に工事若しくは製造を粗雑にし、又は物件の品質

若しくは数量に関して不正の行為をしたとき。
　二　競争入札又はせり売りにおいて、その公正な執行を妨げたとき又は公正な価格の成立を害し、若しくは不正の利益を得るために連合したとき。
　三　落札者が契約を締結すること又は契約者が契約を履行することを妨げたとき。
　四　地方自治法第234条の2第1項の規定による監督又は検査の実施に当たり職員の職務の執行を妨げたとき。
　五　正当な理由がなくて契約を履行しなかつたとき。
　六　この項（この号を除く。）の規定により一般競争入札に参加できないこととされている者を契約の締結又は契約の履行に当たり代理人、支配人その他の使用人として使用したとき。
第167条の5　普通地方公共団体の長は、前条に定めるもののほか、必要があるときは、一般競争入札に参加する者に必要な資格として、あらかじめ、契約の種類及び金額に応じ、工事、製造又は販売等の実績、従業員の数、資本の額その他の経営の規模及び状況を要件とする資格を定めることができる。
2　普通地方公共団体の長は、前項の規定により一般競争入札に参加する者に必要な資格を定めたときは、これを公示しなければならない。
第167条の5の2　普通地方公共団体の長は、一般競争入札により契約を締結しようとする場合において、契約の性質又は目的により、当該入札を適正かつ合理的に行うため特に必要があると認めるときは、前条第1項の資格を有する者につき、更に、当該入札に参加する者の事業所の所在地又はその者の当該契約に係る工事等についての経験若しくは技術的適性の有無等に関する必要な資格を定め、当該資格を有する者により当該入札を行わせることができる。
　　（一般競争入札の公告）
第167条の6　普通地方公共団体の長は、一般競争入札により契約を締結しようとするときは、入札に参加する者に必要な資格、入札の場所及び日時その他入札について必要な事項を公告しなければならない。
2　普通地方公共団体の長は、前項の公告において、入札に参加する者に必要な資格のない者のした入札及び入札に関する条件に違反した入札は無効とする旨を明らかにしておかなければならない。
　　（一般競争入札の入札保証金）
第167条の7　普通地方公共団体は、一般競争入札により契約を締結しようとするときは、入札に参加しようとする者をして当該普通地方公共団体の規則で定める率又は額の入札保証金を納めさせなければならない。
2　前項の規定による入札保証金の納付は、国債、地方債その他普通地方公共団体の長が確実と認める担保の提供をもつて代えることができる。
　　（一般競争入札の開札及び再度入札）
第167条の8　一般競争入札の開札は、第167条の6第1項の規定により公告した入札の場所において、入札の終了後直ちに、入札者を立ち会わせてしなければならない。この場合において、入札者が立ち会わないときは、当該入札事務に関係のない職員を立ち会わせなければならない。
2　入札者は、その提出した入札書（当該入札書に記載すべき事項を記録した電磁的記録を含む。）の書換え、引換え又は撤回をすることができない。

3　普通地方公共団体の長は、第１項の規定により開札をした場合において、各人の入札のうち予定価格の制限の範囲内の価格の入札がないとき（第167条の10第２項の規定により最低制限価格を設けた場合にあつては、予定価格の制限の範囲内の価格で最低制限価格以上の価格の入札がないとき）は、直ちに、再度の入札をすることができる。

　（一般競争入札のくじによる落札者の決定）

第167条の9　普通地方公共団体の長は、落札となるべき同価の入札をした者が２人以上あるときは、直ちに、当該入札者にくじを引かせて落札者を定めなければならない。この場合において、当該入札者のうちくじを引かない者があるときは、これに代えて、当該入札事務に関係のない職員にくじを引かせるものとする。

　（一般競争入札において最低価格の入札者以外の者を落札者とすることができる場合）

第167条の10　普通地方公共団体の長は、一般競争入札により工事又は製造その他についての請負の契約を締結しようとする場合において、予定価格の制限の範囲内で最低の価格をもつて申込みをした者の当該申込みに係る価格によつてはその者により当該契約の内容に適合した履行がされないおそれがあると認めるとき、又はその者と契約を締結することが公正な取引の秩序を乱すこととなるおそれがあつて著しく不適当であると認めるときは、その者を落札者とせず、予定価格の制限の範囲内の価格をもつて申込みをした他の者のうち、最低の価格をもつて申込みをした者を落札者とすることができる。

2　普通地方公共団体の長は、一般競争入札により工事又は製造その他についての請負の契約を締結しようとする場合において、当該契約の内容に適合した履行を確保するため特に必要があると認めるときは、あらかじめ最低制限価格を設けて、予定価格の制限の範囲内で最低の価格をもつて申込みをした者を落札者とせず、予定価格の制限の範囲内の価格で最低制限価格以上の価格をもつて申込みをした者のうち最低の価格をもつて申込みをした者を落札者とすることができる。

第167条の10の2　普通地方公共団体の長は、一般競争入札により当該普通地方公共団体の支出の原因となる契約を締結しようとする場合において、当該契約がその性質又は目的から地方自治法第234条第３項本文又は前条の規定により難いものであるときは、これらの規定にかかわらず、予定価格の制限の範囲内の価格をもつて申込みをした者のうち、価格その他の条件が当該普通地方公共団体にとつて最も有利なものをもつて申込みをした者を落札者とすることができる。

2　普通地方公共団体の長は、前項の規定により工事又は製造その他についての請負の契約を締結しようとする場合において、落札者となるべき者の当該申込みに係る価格によつてはその者により当該契約の内容に適合した履行がされないおそれがあると認めるとき、又はその者と契約を締結することが公正な取引の秩序を乱すこととなるおそれがあつて著しく不適当であると認めるときは、同項の規定にかかわらず、その者を落札者とせず、予定価格の制限の範囲内の価格をもつて申込みをした他の者のうち、価格その他の条件が当該普通地方公共団体にとつて最も有利なものをもつて申込みをした者を落札者とすることができる。

3　普通地方公共団体の長は、前２項の規定により落札者を決定する一般競争入札（以下「総合評価一般競争入札」という。）を行おうとするときは、あらかじめ、当該総合評価一般競争入札に係る申込みのうち価格その他の条件が当該普通地方

公共団体にとつて最も有利なものを決定するための基準（以下「落札者決定基準」という。）を定めなければならない。

4　普通地方公共団体の長は、落札者決定基準を定めようとするときは、総務省令で定めるところにより、あらかじめ、学識経験を有する者（次項において「学識経験者」という。）の意見を聴かなければならない。

5　普通地方公共団体の長は、前項の規定による意見の聴取において、併せて、当該落札者決定基準に基づいて落札者を決定しようとするときに改めて意見を聴く必要があるかどうかについて意見を聴くものとし、改めて意見を聴く必要があるとの意見が述べられた場合には、当該落札者を決定しようとするときに、あらかじめ、学識経験者の意見を聴かなければならない。

6　普通地方公共団体の長は、総合評価一般競争入札を行おうとする場合において、当該契約について第167条の6第1項の規定により公告するときは、同項の規定により公告をしなければならない事項及び同条第2項の規定により明らかにしておかなければならない事項のほか、総合評価一般競争入札の方法による旨及び当該総合評価一般競争入札に係る落札者決定基準についても、公告をしなければならない。

（指名競争入札の参加者の資格）

第167条の11　第167条の4の規定は、指名競争入札の参加者の資格についてこれを準用する。

2　普通地方公共団体の長は、前項に定めるもののほか、指名競争入札に参加する者に必要な資格として、工事又は製造の請負、物件の買入れその他当該普通地方公共団体の長が定める契約について、あらかじめ、契約の種類及び金額に応じ、第167条の5第1項に規定する事項を要件とする資格を定めなければならない。

3　第167条の5第2項の規定は、前項の場合にこれを準用する。

（指名競争入札の参加者の指名等）

第167条の12　普通地方公共団体の長は、指名競争入札により契約を締結しようとするときは、当該入札に参加することができる資格を有する者のうちから、当該入札に参加させようとする者を指名しなければならない。

2　前項の場合においては、普通地方公共団体の長は、入札の場所及び日時その他入札について必要な事項をその指名する者に通知しなければならない。

3　第167条の6第2項の規定は、前項の場合にこれを準用する。

4　普通地方公共団体の長は、次条において準用する第167条の10の2第1項及び第2項の規定により落札者を決定する指名競争入札（以下「総合評価指名競争入札」という。）を行おうとする場合において、当該契約について第2項の規定により通知をするときは、同項の規定により通知をしなければならない事項及び前項において準用する第167条の6第2項の規定により明らかにしておかなければならない事項のほか、総合評価指名競争入札の方法による旨及び当該総合評価指名競争入札に係る落札者決定基準についても、通知をしなければならない。

（指名競争入札の入札保証金等）

第167条の13　第167条の7から第167条の10まで及び第167条の10の2（第6項を除く。）の規定は、指名競争入札の場合について準用する。

（せり売りの手続）

第167条の14　第167条の4から第167条の7までの規定は、せり売りの場合にこれ

を準用する。
　（監督又は検査の方法）
第167条の15　地方自治法第134条の2第1項の規定による監督は、立会い、指示その他の方法によつて行なわなければならない。
2　地方自治法第134条の2第1項の規定による検査は、契約書、仕様書及び設計書その他の関係書類（当該関係書類に記載すべき事項を記録した電磁的記録を含む。）に基づいて行わなければならない。
3　普通地方公共団体の長は、地方自治法第234条の2第1項に規定する契約について、契約の目的たる物件の給付の完了後相当の期間内に当該物件につき破損、変質、性能の低下その他の事故が生じたときは、取替え、補修その他必要な措置を講ずる旨の特約があり、当該給付の内容が担保されると認められるときは、同項の規定による検査の一部を省略することができる。
4　普通地方公共団体の長は、地方自治法第234条の2第1項に規定する契約について、特に専門的な知識又は技能を必要とすることその他の理由により当該普通地方公共団体の職員によつて監督又は検査を行なうことが困難であり、又は適当でないと認められるときは、当該普通地方公共団体の職員以外の者に委託して当該監督又は検査を行なわせることができる。
　（契約保証金）
第167条の16　普通地方公共団体は、当該普通地方公共団体と契約を締結する者をして当該普通地方公共団体の規則で定める率又は額の契約保証金を納めさせなければならない。
2　第167条の7第2項の規定は、前項の規定による契約保証金の納付についてこれを準用する。
　（長期継続契約を締結することができる契約）
第167条の17　地方自治法第234条の3に規定する政令で定める契約は、翌年度以降にわたり物品を借り入れ又は役務の提供を受ける契約で、その契約の性質上翌年度以降にわたり契約を締結しなければ当該契約に係る事務の取扱いに支障を及ぼすようなもののうち、条例で定めるものとする。

第5章　財務
第10節　雑則
　（普通地方公共団体の規則への委任）
第173条の2　この政令及びこれに基づく総務省令に規定するものを除くほか、普通地方公共団体の財務に関し必要な事項は、規則でこれを定める。

　　附　則〔抄〕
第1条　この政令は、公布の日から、これを施行する。
第7条　地方公共団体は、当分の間、公共工事の前払金保証事業に関する法律（昭和27年法律第184号）第5条の規定に基づき登録を受けた保証事業会社の保証に係る公共工事に要する経費については、当該経費の3割（当該経費のうち総務省令で定めるものにつき当該割合によることが適当でないと認められる特別の事情があるときは、総務省令で定めるところにより、当該割合に3割以内の割合を加え、又は当該割合から1割以内の割合を減じて得た割合）を超えない範囲内に限

り、前金払をすることができる。
2　東日本大震災（平成23年3月11日に発生した東北地方太平洋沖地震及びこれに伴う原子力発電所の事故による災害をいう。）に際し災害救助法（昭和22年法律第118号）が適用された市町村の区域（東京都の区域を除く。以下この項において「被災市町村の区域」という。）において施行する公共工事（当該公共工事が施行される区域が被災市町村の区域とそれ以外の区域にまたがるものを含む。）に要する経費についての前項の規定の適用については、同項中「当該経費の3割」とあるのは、「当該経費の4割」とする。

別表第3（第121条の2関係）

工事又は製造の請負	都道府県　500,000千円
	指定都市　300,000千円
	市（指定都市を除く。次表において同じ。）150,000千円
	町村　50,000千円

別表第4（第121条の2関係）

不動産又は動産の買入れ若しくは売払い（土地については、その面積が都道府県にあつては1件2万平方メートル以上、指定都市にあつては1件1万平方メートル以上、市町村にあつては1件5千平方メートル以上のものに係るものに限る。）又は不動産の信託の受益権の買入れ若しくは売払い	都道府県　70,000千円
	指定都市　40,000千円
	市　20,000千円
	町村　7,000千円

別表第5（第167条の2関係）

一　工事又は製造の請負	都道府県及び指定都市　250万円
	市町村（指定都市を除く。以下この表において同じ。）130万円
二　財産の買入れ	都道府県及び指定都市　160万円
	市町村　80万円
三　物件の借入れ	都道府県及び指定都市　80万円
	市町村　40万円
四　財産の売払い	都道府県及び指定都市　50万円
	市町村　30万円
五　物件の貸付け	30万円
六　前各号に掲げるもの以外のもの	都道府県及び指定都市　100万円
	市町村　50万円

● 公共工事の入札及び契約の適正化の促進に関する法律

(平成12年11月27日法律第127号)
最終改正：平成21年6月10日法律第51号

第1章　総則
（目的）
第1条　この法律は、国、特殊法人等及び地方公共団体が行う公共工事の入札及び契約について、その適正化の基本となるべき事項を定めるとともに、情報の公表、不正行為等に対する措置及び施工体制の適正化の措置を講じ、併せて適正化指針の策定等の制度を整備すること等により、公共工事に対する国民の信頼の確保とこれを請け負う建設業の健全な発達を図ることを目的とする。

（定義）
第2条　この法律において「特殊法人等」とは、法律により直接に設立された法人若しくは特別の法律により特別の設立行為をもって設立された法人（総務省設置法（平成11年法律第91号）第4条第15号の規定の適用を受けない法人を除く。）、特別の法律により設立され、かつ、その設立に関し行政官庁の認可を要する法人又は独立行政法人（独立行政法人通則法（平成11年法律第103号）第2条第1項に規定する独立行政法人をいう。第6条において同じ。）のうち、次の各号に掲げる要件のいずれにも該当する法人であって政令で定めるものをいう。
　一　資本金の2分の1以上が国からの出資による法人又はその事業の運営のために必要な経費の主たる財源を国からの交付金若しくは補助金によって得ている法人であること。
　二　その設立の目的を実現し、又はその主たる業務を遂行するため、計画的かつ継続的に建設工事（建設業法（昭和24年法律第100号）第2条第1項に規定する建設工事をいう。次項において同じ。）の発注を行う法人であること。
2　この法律において「公共工事」とは、国、特殊法人等又は地方公共団体が発注する建設工事をいう。
3　この法律において「建設業」とは、建設業法第2条第2項に規定する建設業をいう。
4　この法律において「各省各庁の長」とは、財政法（昭和22年法律第34号）第20条第2項に規定する各省各庁の長をいう。

（公共工事の入札及び契約の適正化の基本となるべき事項）
第3条　公共工事の入札及び契約については、次に掲げるところにより、その適正化が図られなければならない。
　一　入札及び契約の過程並びに契約の内容の透明性が確保されること。
　二　入札に参加しようとし、又は契約の相手方になろうとする者の間の公正な競争が促進されること。
　三　入札及び契約からの談合その他の不正行為の排除が徹底されること。
　四　契約された公共工事の適正な施工が確保されること。

第2章　情報の公表
（国による情報の公表）
第4条　各省各庁の長は、政令で定めるところにより、毎年度、当該年度の公共工

事の発注の見通しに関する事項で政令で定めるものを公表しなければならない。
2　各省各庁の長は、前項の見通しに関する事項を変更したときは、政令で定めるところにより、変更後の当該事項を公表しなければならない。

第5条　各省各庁の長は、政令で定めるところにより、次に掲げる事項を公表しなければならない。
　一　入札者の商号又は名称及び入札金額、落札者の商号又は名称及び落札金額、入札の参加者の資格を定めた場合における当該資格、指名競争入札における指名した者の商号又は名称その他の政令で定める公共工事の入札及び契約の過程に関する事項
　二　契約の相手方の商号又は名称、契約金額その他の政令で定める公共工事の契約の内容に関する事項

（特殊法人等による情報の公表）
第6条　特殊法人等の代表者（当該特殊法人等が独立行政法人である場合にあっては、その長。以下同じ。）は、前2条の規定に準じて、公共工事の入札及び契約に関する情報を公表するため必要な措置を講じなければならない。

（地方公共団体による情報の公表）
第7条　地方公共団体の長は、政令で定めるところにより、毎年度、当該年度の公共工事の発注の見通しに関する事項で政令で定めるものを公表しなければならない。
2　地方公共団体の長は、前項の見通しに関する事項を変更したときは、政令で定めるところにより、変更後の当該事項を公表しなければならない。

第8条　地方公共団体の長は、政令で定めるところにより、次に掲げる事項を公表しなければならない。
　一　入札者の商号又は名称及び入札金額、落札者の商号又は名称及び落札金額、入札の参加者の資格を定めた場合における当該資格、指名競争入札における指名した者の商号又は名称その他の政令で定める公共工事の入札及び契約の過程に関する事項
　二　契約の相手方の商号又は名称、契約金額その他の政令で定める公共工事の契約の内容に関する事項

第9条　前2条の規定は、地方公共団体が、前2条に規定する事項以外の公共工事の入札及び契約に関する情報の公表に関し、条例で必要な規定を定めることを妨げるものではない。

第3章　不正行為等に対する措置

（公正取引委員会への通知）
第10条　各省各庁の長、特殊法人等の代表者又は地方公共団体の長（以下「各省各庁の長等」という。）は、それぞれ国、特殊法人等又は地方公共団体（以下「国等」という。）が発注する公共工事の入札及び契約に関し、私的独占の禁止及び公正取引の確保に関する法律（昭和22年法律第54号）第3条又は第8条第1号の規定に違反する行為があると疑うに足りる事実があるときは、公正取引委員会に対し、その事実を通知しなければならない。

（国土交通大臣又は都道府県知事への通知）
第11条　各省各庁の長等は、それぞれ国等が発注する公共工事の入札及び契約に関

し、当該公共工事の受注者である建設業者（建設業法第2条第3項に規定する建設業者をいう。）に次の各号のいずれかに該当すると疑うに足りる事実があるときは、当該建設業者が建設業の許可を受けた国土交通大臣又は都道府県知事及び当該事実に係る営業が行われる区域を管轄する都道府県知事に対し、その事実を通知しなければならない。
一　建設業法第28条第1項第3号、第4号又は第6号から第8号までのいずれかに該当すること。
二　第13条第1項若しくは第2項、同条第3項の規定により読み替えて適用される建設業法第24条の7第4項、同条第1項若しくは第2項又は同法第26条若しくは第26条の2の規定に違反したこと。

第4章　施工体制の適正化
（一括下請負の禁止）
第12条　公共工事については、建設業法第22条第3項の規定は、適用しない。
　（施工体制台帳の提出等）
第13条　公共工事の受注者（建設業法第24条の7第1項の規定により同項に規定する施工体制台帳（以下単に「施工体制台帳」という。）を作成しなければならないこととされているものに限る。）は、作成した施工体制台帳（同項の規定により記載すべきものとされた事項に変更が生じたことに伴い新たに作成されたものを含む。）の写しを発注者に提出しなければならない。この場合においては、同条第3項の規定は、適用しない。
2　前項の公共工事の受注者は、発注者から、公共工事の施工の技術上の管理をつかさどる者（次条において「施工技術者」という。）の設置の状況その他の工事現場の施工体制が施工体制台帳の記載に合致しているかどうかの点検を求められたときは、これを受けることを拒んではならない。
3　第1項の公共工事の受注者についての建設業法第24条の7第4項の規定の適用については、同項中「見やすい場所」とあるのは、「工事関係者が見やすい場所及び公衆が見やすい場所」とする。
　（各省各庁の長等の責務）
第14条　公共工事を発注した国等に係る各省各庁の長等は、施工技術者の設置の状況その他の工事現場の施工体制を適正なものとするため、当該工事現場の施工体制が施工体制台帳の記載に合致しているかどうかの点検その他の必要な措置を講じなければならない。

第5章　適正化指針
（適正化指針の策定等）
第15条　国は、各省各庁の長等による公共工事の入札及び契約の適正化を図るための措置（第2章及び第3章並びに前条に規定するものを除く。）に関する指針（以下「適正化指針」という。）を定めなければならない。
2　適正化指針には、第3条各号に掲げるところに従って、次に掲げる事項を定めるものとする。
一　入札及び契約の過程並びに契約の内容に関する情報（各省各庁の長又は特殊法人等の代表者による措置にあっては第4条及び第5条、地方公共団体の長に

よる措置にあっては第7条及び第8条に規定するものを除く。）の公表に関すること。
二　入札及び契約の過程並びに契約の内容について学識経験を有する者等の第三者の意見を適切に反映する方策に関すること。
三　入札及び契約の過程に関する苦情を適切に処理する方策に関すること。
四　公正な競争を促進するための入札及び契約の方法の改善に関すること。
五　将来におけるより適切な入札及び契約のための公共工事の施工状況の評価の方策に関すること。
六　前各号に掲げるもののほか、入札及び契約の適正化を図るため必要な措置に関すること。
3　適正化指針の策定に当たっては、特殊法人等及び地方公共団体の自主性に配慮しなければならない。
4　国土交通大臣、総務大臣及び財務大臣は、あらかじめ各省各庁の長及び特殊法人等を所管する大臣に協議した上、適正化指針の案を作成し、閣議の決定を求めなければならない。
5　国土交通大臣は、適正化指針の案の作成に先立って、中央建設業審議会の意見を聴かなければならない。
6　国土交通大臣、総務大臣及び財務大臣は、第4項の規定による閣議の決定があったときは、遅滞なく、適正化指針を公表しなければならない。
7　第3項から前項までの規定は、適正化指針の変更について準用する。

（適正化指針に基づく責務）
第16条　各省各庁の長等は、適正化指針に定めるところに従い、公共工事の入札及び契約の適正化を図るため必要な措置を講ずるよう努めなければならない。

（措置の状況の公表）
第17条　国土交通大臣及び財務大臣は、各省各庁の長又は特殊法人等を所管する大臣に対し、当該各省各庁の長又は当該大臣が所管する特殊法人等が適正化指針に従って講じた措置の状況について報告を求めることができる。
2　国土交通大臣及び総務大臣は、地方公共団体に対し、適正化指針に従って講じた措置の状況について報告を求めることができる。
3　国土交通大臣、総務大臣及び財務大臣は、毎年度、前2項の報告を取りまとめ、その概要を公表するものとする。

（要請）
第18条　国土交通大臣及び財務大臣は、各省各庁の長又は特殊法人等を所管する大臣に対し、公共工事の入札及び契約の適正化を促進するため適正化指針に照らして特に必要があると認められる措置を講ずべきことを要請することができる。
2　国土交通大臣及び総務大臣は、地方公共団体に対し、公共工事の入札及び契約の適正化を促進するため適正化指針に照らして特に必要があると認められる措置を講ずべきことを要請することができる。

第6章　国による情報の収集、整理及び提供等

（国による情報の収集、整理及び提供）
第19条　国土交通大臣、総務大臣及び財務大臣は、第2章の規定により公表された情報その他その普及が公共工事の入札及び契約の適正化の促進に資することとな

る情報の収集、整理及び提供に努めなければならない。

(関係法令等に関する知識の習得等)

第20条 国、特殊法人等及び地方公共団体は、それぞれその職員に対し、公共工事の入札及び契約が適正に行われるよう、関係法令及び所管分野における公共工事の施工技術に関する知識を習得させるための教育及び研修その他必要な措置を講ずるよう努めなければならない。

2 国土交通大臣及び都道府県知事は、建設業を営む者に対し、公共工事の入札及び契約が適正に行われるよう、関係法令に関する知識の普及その他必要な措置を講ずるよう努めなければならない。

　　　附　則〔抄〕

(施行期日)

第1条 この法律は、公布の日から起算して3月を超えない範囲内において政令で定める日から施行する。ただし、第2章から第4章まで並びに第16条、第17条第1項及び第2項、第18条並びに附則第3条(建設業法第28条の改正規定に係る部分に限る。)の規定は平成13年4月1日から、第17条第3項の規定は平成14年4月1日から施行する。

(経過措置)

第2条 第5条及び第8条の規定は、これらの規定の施行前に入札又は随意契約の手続に着手していた場合における当該入札及びこれに係る契約又は当該随意契約については、適用しない。

2 第4章及び次条(建設業法第28条の改正規定に係る部分に限る。)の規定は、これらの規定の施行前に締結された契約に係る公共工事については、適用しない。

● 公共工事の入札及び契約の適正化の促進に関する法律施行令〔抄〕

(平成13年2月15日政令第34号)
最終改正:平成20年3月31日政令第127号

(地方公共団体による発注の見通しに関する事項の公表)

第5条　地方公共団体の長は、毎年度、4月1日（当該日において当該年度の予算が成立していない場合にあっては、予算の成立の日）以後遅滞なく、当該年度に発注することが見込まれる公共工事（予定価格が250万円を超えないと見込まれるもの及び公共の安全と秩序の維持に密接に関連する公共工事であって当該地方公共団体の行為を秘密にする必要があるものを除く。）に係る次に掲げるものの見通しに関する事項を公表しなければならない。

一　公共工事の名称、場所、期間、種別及び概要
二　入札及び契約の方法
三　入札を行う時期（随意契約を行う場合にあっては、契約を締結する時期）

2　前項の規定による公表は、次のいずれかの方法で行わなければならない。

一　公報又は時事に関する事項を掲載する日刊新聞紙に掲載する方法
二　公衆の見やすい場所に掲示し、又は公衆の閲覧に供する方法

3　前項第2号の規定による公衆の閲覧は、閲覧所を設け、又はインターネットを利用して閲覧に供する方法によらなければならない。この場合においては、地方公共団体の長は、あらかじめ、当該閲覧に供する方法を告示しなければならない。

4　第2項第2号に掲げる方法で公表した場合においては、当該年度の3月31日まで掲示し、又は閲覧に供しなければならない。

5　地方公共団体の長は、少なくとも毎年度1回、10月1日を目途として、第1項の規定により公表した発注の見通しに関する事項を見直し、当該事項に変更がある場合には、変更後の当該事項を公表しなければならない。

(地方公共団体による入札及び契約の過程並びに契約の内容に関する事項の公表)

第7条　地方公共団体の長は、次に掲げる事項を定め、又は作成したときは、遅滞なく、当該事項を公表しなければならない。これを変更したときも、同様とする。

一　地方自治法施行令（昭和22年政令第16号。以下「自治令」という。）第167条の5第1項に規定する一般競争入札に参加する者に必要な資格及び当該資格を有する者の名簿
二　自治令第167条の11第2項に規定する指名競争入札に参加する者に必要な資格及び当該資格を有する者の名簿
三　指名競争入札に参加する者を指名する場合の基準

2　地方公共団体の長は、公共工事（予定価格が250万円を超えないもの及び公共の安全と秩序の維持に密接に関連する公共工事であって当該地方公共団体の行為を秘密にする必要があるものを除く。）の契約を締結したときは、当該公共工事ごとに、遅滞なく、次に掲げる事項を公表しなければならない。ただし、第1号から第8号までに掲げる事項にあっては、契約の締結前に公表することを妨げな

い。
一　自治令第167条の5の2の規定により一般競争入札に参加する者に必要な資格を更に定め、その資格を有する者により当該入札を行わせた場合における当該資格
二　一般競争入札を行った場合における当該入札に参加しようとした者の商号又は名称並びにこれらの者のうち当該入札に参加させなかった者の商号又は名称及びその者を参加させなかった理由
三　指名競争入札を行った場合における指名した者の商号又は名称及びその者を指名した理由
四　入札者の商号又は名称及び入札金額（随意契約を行った場合を除く。）
五　落札者の商号又は名称及び落札金額（随意契約を行った場合を除く。）
六　自治令第167条の10第1項（自治令第167条の13において準用する場合を含む。）の規定により最低の価格をもって申込みをした者を落札者とせず他の者のうち最低の価格をもって申込みをした者を落札者とした場合におけるその者を落札者とした理由
七　自治令第167条の10第2項（自治令第167条の13において準用する場合を含む。）の規定により最低制限価格を設け最低の価格をもって申込みをした者を落札者とせず最低制限価格以上の価格をもって申込みをした者のうち最低の価格をもって申込みをした者を落札者とした場合における最低制限価格未満の価格をもって申込みをした者の商号又は名称
八　自治令第167条の10の2第1項若しくは第2項の規定により落札者を決定する一般競争入札（以下「総合評価一般競争入札」という。）又は自治令第167条の13において準用する自治令第167条の10の2第1項若しくは第2項の規定により落札者を決定する指名競争入札（以下「総合評価指名競争入札」という。）を行った場合における次に掲げる事項
　イ　当該総合評価一般競争入札又は当該総合評価指名競争入札を行った理由
　ロ　自治令第167条の10の2第3項（自治令第167条の13において準用する場合を含む。）に規定する落札者決定基準
　ハ　自治令第167条の10の2第1項（自治令第167条の13において準用する場合を含む。）の規定により価格その他の条件が当該地方公共団体にとって最も有利なものをもって申込みをした者を落札者とした場合におけるその者を落札者とした理由
　ニ　自治令第167条の10の2第2項（自治令第167条の13において準用する場合を含む。）の規定により落札者となるべき者を落札者とせず他の者のうち価格その他の条件が当該地方公共団体にとって最も有利なものをもって申込みをした者を落札者とした場合におけるその者を落札者とした理由
九　次に掲げる契約の内容
　イ　契約の相手方の商号又は名称及び住所
　ロ　公共工事の名称、場所、種別及び概要
　ハ　工事着手の時期及び工事完成の時期
　ニ　契約金額
十　随意契約を行った場合における契約の相手方を選定した理由
3　地方公共団体の長は、前項の公共工事について契約金額の変更を伴う契約の変

更をしたときは、遅滞なく、変更後の契約に係る同項第9号ロからニまでに掲げる事項及び変更の理由を公表しなければならない。
4 　前3項の規定による公表は、公衆の見やすい場所に掲示し、又は公衆の閲覧に供する方法で行わなければならない。
5 　第5条第3項の規定は、前項の規定による公衆の閲覧について準用する。
6 　第2項又は第3項の規定により公表した事項については、少なくとも、公表した日（第2項第1号から第8号までに掲げる事項のうち契約の締結前に公表した事項については、契約を締結した日）の翌日から起算して1年間が経過する日まで掲示し、又は閲覧に供しなければならない。

　　　附　則
（施行期日）
第1条　この政令は、法の施行の日（平成13年2月16日）から施行する。ただし、第2条から第7条までの規定は、平成13年4月1日から施行する。
（特殊法人等の範囲に関する経過措置）
第2条　法第2条第1項の政令で定める法人は、独立行政法人新エネルギー・産業技術総合開発機構が行う石炭鉱業の構造調整の完了等に伴う関係法律の整備等に関する法律（平成12年法律第16号。以下「整備法」という。）附則第5条第4項の規定によりなおその効力を有することとされる整備法第2条の規定による廃止前の石炭鉱害賠償等臨時措置法（昭和38年法律第97号）第12条第1項第4号ハに掲げる業務が終了するまでの間、第1条各号に掲げるもののほか、独立行政法人新エネルギー・産業技術総合開発機構とする。
第3条　法第2条第1項の政令で定める法人は、独立行政法人環境再生保全機構が行う独立行政法人環境再生保全機構法（平成15年法律第43号）附則第7条第1項第1号に掲げる業務が終了するまでの間、第1条各号及び前条に掲げるもののほか、独立行政法人環境再生保全機構とする。
第4条　法第2条第1項の政令で定める法人は、独立行政法人森林総合研究所が行う次に掲げる業務が終了するまでの間、第1条各号及び前2条に掲げるもののほか、独立行政法人森林総合研究所とする。
　一　独立行政法人森林総合研究所法（平成11年法律第198号。以下この条において「研究所法」という。）附則第6条第1項及び第8条第1項に規定する業務
　二　研究所法附則第9条第1項に規定する業務（独立行政法人緑資源機構法を廃止する法律（平成20年法律第8号）による廃止前の独立行政法人緑資源機構法（平成14年法律第130号）第11条第1項第8号の事業に係るものを除く。）
　三　研究所法附則第11条第1項に規定する業務（森林開発公団法の一部を改正する法律（平成11年法律第70号）附則第8条の規定による廃止前の農用地整備公団法（昭和49年法律第43号）第19条第1項第2号の業務に係るものを除く。）

公共工事の品質確保の促進に関する法律

(平成17年3月31日法律第18号)

(目的)
第1条 この法律は、公共工事の品質確保が、良質な社会資本の整備を通じて、豊かな国民生活の実現及びその安全の確保、環境の保全（良好な環境の創出を含む。）、自立的で個性豊かな地域社会の形成等に寄与するものであるとともに、現在及び将来の世代にわたる国民の利益であることにかんがみ、公共工事の品質確保に関し、基本理念を定め、国等の責務を明らかにするとともに、公共工事の品質確保の促進に関する基本的事項を定めることにより、公共工事の品質確保の促進を図り、もって国民の福祉の向上及び国民経済の健全な発展に寄与することを目的とする。

(定義)
第2条 この法律において「公共工事」とは、公共工事の入札及び契約の適正化の促進に関する法律（平成12年法律第127号）第2条第2項に規定する公共工事をいう。

(基本理念)
第3条 公共工事の品質は、公共工事が現在及び将来における国民生活及び経済活動の基盤となる社会資本を整備するものとして社会経済上重要な意義を有することにかんがみ、国及び地方公共団体並びに公共工事の発注者及び受注者がそれぞれの役割を果たすことにより、現在及び将来の国民のために確保されなければならない。

2　公共工事の品質は、建設工事が、目的物が使用されて初めてその品質を確認できること、その品質が受注者の技術的能力に負うところが大きいこと、個別の工事により条件が異なること等の特性を有することにかんがみ、経済性に配慮しつつ価格以外の多様な要素をも考慮し、価格及び品質が総合的に優れた内容の契約がなされることにより、確保されなければならない。

3　公共工事の品質は、これを確保する上で工事の効率性、安全性、環境への影響等が重要な意義を有することにかんがみ、より適切な技術又は工夫により、確保されなければならない。

4　公共工事の品質確保に当たっては、入札及び契約の過程並びに契約の内容の透明性並びに競争の公正性が確保されること、談合、入札談合等関与行為その他の不正行為の排除が徹底されること並びに適正な施工が確保されることにより、受注者としての適格性を有しない建設業者が排除されること等の入札及び契約の適正化が図られるように配慮されなければならない。

5　公共工事の品質確保に当たっては、民間事業者の能力が適切に評価され、並びに入札及び契約に適切に反映されること、民間事業者の積極的な技術提案（競争に付された公共工事に関する技術又は工夫についての提案をいう。以下同じ。）及び創意工夫が活用されること等により民間事業者の能力が活用されるように配慮されなければならない。

6　公共工事の品質確保に当たっては、公共工事における請負契約の当事者が各々の対等な立場における合意に基づいて公正な契約を締結し、信義に従って誠実にこれを履行するように配慮されなければならない。

7　公共工事の品質確保に当たっては、公共工事に関する調査及び設計の品質が公共工事の品質確保を図る上で重要な役割を果たすものであることにかんがみ、前各項の趣旨を踏まえ、公共工事に関する調査及び設計の品質が確保されるようにしなければならない。

（国の責務）
第4条　国は、前条の基本理念（以下「基本理念」という。）にのっとり、公共工事の品質確保の促進に関する施策を総合的に策定し、及び実施する責務を有する。

（地方公共団体の責務）
第5条　地方公共団体は、基本理念にのっとり、国との連携を図りつつ、その地域の実情を踏まえ、公共工事の品質確保の促進に関する施策を策定し、及び実施する責務を有する。

（発注者の責務）
第6条　公共工事の発注者（以下「発注者」という。）は、基本理念にのっとり、その発注に係る公共工事の品質が確保されるよう、仕様書及び設計書の作成、予定価格の作成、入札及び契約の方法の選択、契約の相手方の決定、工事の監督及び検査並びに工事中及び完成時の施工状況の確認及び評価その他の事務（以下「発注関係事務」という。）を適切に実施しなければならない。

2　発注者は、公共工事の施工状況の評価に関する資料その他の資料が将来における自らの発注及び他の発注者による発注に有効に活用されるよう、これらの資料の保存に関し、必要な措置を講じなければならない。

3　発注者は、発注関係事務を適切に実施するために必要な職員の配置その他の体制の整備に努めなければならない。

（受注者の責務）
第7条　公共工事の受注者は、基本理念にのっとり、契約された公共工事を適正に実施するとともに、そのために必要な技術的能力の向上に努めなければならない。

（基本方針）
第8条　政府は、公共工事の品質確保の促進に関する施策を総合的に推進するための基本的な方針（以下「基本方針」という。）を定めなければならない。

2　基本方針は、次に掲げる事項について定めるものとする。
　一　公共工事の品質確保の促進の意義に関する事項
　二　公共工事の品質確保の促進のための施策に関する基本的な方針

3　基本方針の策定に当たっては、特殊法人等（公共工事の入札及び契約の適正化の促進に関する法律第2条第1項に規定する特殊法人等をいう。以下同じ。）及び地方公共団体の自主性に配慮しなければならない。

4　政府は、基本方針を定めたときは、遅滞なく、これを公表しなければならない。

5　前2項の規定は、基本方針の変更について準用する。

（基本方針に基づく責務）
第9条　各省各庁の長（財政法（昭和22年法律第34号）第20条第2項に規定する各省各庁の長をいう。）、特殊法人等の代表者（当該特殊法人等が独立行政法人（独立行政法人通則法（平成11年法律第103号）第2条第1項に規定する独立行政法

人をいう。）である場合にあっては、その長）及び地方公共団体の長は、基本方針に定めるところに従い、公共工事の品質確保の促進を図るため必要な措置を講ずるよう努めなければならない。

（関係行政機関の協力体制）
第10条　政府は、基本方針の策定及びこれに基づく施策の実施に関し、関係行政機関による協力体制の整備その他の必要な措置を講ずるものとする。

（競争参加者の技術的能力の審査）
第11条　発注者は、その発注に係る公共工事の契約につき競争に付するときは、競争に参加しようとする者について、工事の経験、施工状況の評価、当該公共工事に配置が予定される技術者の経験その他競争に参加しようとする者の技術的能力に関する事項を審査しなければならない。

（競争参加者の技術提案）
第12条　発注者は、競争に参加する者（競争に参加しようとする者を含む。以下同じ。）に対し、技術提案を求めるよう努めなければならない。ただし、発注者が、当該公共工事の内容に照らし、その必要がないと認めるときは、この限りではない。

2　発注者は、技術提案がされたときは、これを適切に審査し、及び評価しなければならない。この場合において、発注者は、中立かつ公正な審査及び評価が行われるようこれらに関する当事者からの苦情を適切に処理することその他の必要な措置を講ずるものとする。

3　発注者は、競争に付された公共工事を技術提案の内容に従って確実に実施することができないと認めるときは、当該技術提案を採用しないことができる。

4　発注者は、競争に参加する者に対し技術提案を求めて落札者を決定する場合には、あらかじめその旨及びその評価の方法を公表するとともに、その評価の後にその結果を公表しなければならない。ただし、公共工事の入札及び契約の適正化の促進に関する法律第4条から第8条までに定める公共工事の入札及び契約に関する情報の公表がなされない公共工事についての技術提案の評価の結果については、この限りではない。

（技術提案の改善）
第13条　発注者は、技術提案をした者に対し、その審査において、当該技術提案についての改善を求め、又は改善を提案する機会を与えることができる。この場合において、発注者は、技術提案の改善に係る過程について、その概要を公表しなければならない。

2　前条第4項ただし書の規定は、技術提案の改善に係る過程の概要の公表について準用する。

（高度な技術等を含む技術提案を求めた場合の予定価格）
第14条　発注者は、高度な技術又は優れた工夫を含む技術提案を求めたときは、当該技術提案の審査の結果を踏まえて、予定価格を定めることができる。この場合において、発注者は、当該技術提案の審査に当たり、中立の立場で公正な判断をすることができる学識経験者の意見を聴くものとする。

（発注関係事務を適切に実施することができる者の活用）
第15条　発注者は、その発注に係る公共工事が専門的な知識又は技術を必要とすることその他の理由により自ら発注関係事務を適切に実施することが困難であると

認めるときは、国、地方公共団体その他法令又は契約により発注関係事務の全部又は一部を行うことができる者の能力を活用するよう努めなければならない。この場合において、発注者は、発注関係事務を適正に行うことができる知識及び経験を有する職員が置かれていること、法令の遵守及び秘密の保持を確保できる体制が整備されていることその他発注関係事務を公正に行うことができる条件を備えた者を選定するものとする。

2　発注者は、前項の場合において、契約により発注関係事務の全部又は一部を行うことができる者を選定したときは、その者が行う発注関係事務の公正性を確保するために必要な措置を講ずるものとする。

3　国及び都道府県は、発注者を支援するため、専門的な知識又は技術を必要とする発注関係事務を適切に実施することができる者の育成、発注関係事務を公正に行うことができる条件を備えた者の選定に関する協力その他の必要な措置を講ずるよう努めなければならない。

　　附　則
（施行期日）
1　この法律は、平成17年4月1日から施行する。
（検討）
2　政府は、この法律の施行後3年を経過した場合において、この法律の施行の状況等について検討を加え、必要があると認めるときは、その結果に基づいて所要の措置を講ずるものとする。

● 地方公共団体の物品等又は特定役務の調達手続の特例を定める政令

(平成 7 年11月 1 日政令第372号)
最終改正:平成16年11月 8 日政令第344号

(趣旨)
第 1 条 この政令は、1994年 4 月15日マラケシュで作成された政府調達に関する協定(以下「協定」という。)を実施するため、地方公共団体の締結する契約のうち協定の適用を受けるものの取扱いに関し、地方自治法施行令(昭和22年政令第16号)の特例を設けるとともに必要な事項を定めるものとする。

(定義)
第 2 条 この政令において、次の各号に掲げる用語の意義は、当該各号に定めるところによる。
一 特定地方公共団体 都道府県及び地方自治法第252条の19第 1 項の指定都市をいう。
二 物品等 動産(現金及び有価証券を除く。)及び著作権法(昭和45年法律第48号)第 2 条第 1 項第10号の二に規定するプログラムをいう。
三 特定役務 協定の附属書Ⅰ日本国の付表 4 に掲げるサービスに係る役務をいう。
四 建設工事 協定の附属書Ⅰ日本国の付表 4 に掲げる建設工事をいう。
五 調達契約 物品等又は特定役務の調達のため締結される契約(当該物品等又は当該特定役務以外の物品等又は役務の調達が付随するものを含む。)をいう。
六 一連の調達契約 特定の需要に係る一の物品等若しくは特定役務又は同一の種類の二以上の物品等若しくは特定役務の調達のため締結される二以上の調達契約をいう。

(適用範囲)
第 3 条 この政令は、特定地方公共団体の締結する調達契約であって、当該調達契約に係る予定価格(物品等の借入れに係る調達契約又は一定期間継続して提供を受ける特定役務の調達契約にあっては、借入期間又は提供を受ける期間の定めが12月以下の場合は当該期間における予定賃借料の総額又は特定役務の予定価格の総額とし、その他の場合は総務大臣の定めるところにより算定した額とする。)が総務大臣の定める区分に応じ総務大臣の定める額以上の額であるものについて適用する。ただし、次に掲げる調達契約については、この限りでない。
一 有償で譲渡(加工又は修理を加えた上でする譲渡を含む。)をする目的で取得する物品等若しくは当該物品等の譲渡(加工又は修理を加えた上でする譲渡を含む。)をするために直接に必要な特定役務(当該物品等の加工又は修理をするために直接に必要な特定役務を含む。)又は有償で譲渡をする製品の原材料として使用する目的で取得する物品等若しくは当該製品の生産をするために直接に必要な特定役務の調達契約
二 事業協同組合、事業協同小組合若しくは協同組合連合会又は商工組合若しくは商工組合連合会を相手方とする調達契約
三 特定地方公共団体の経営する鉄道事業及び軌道事業における運行上の安全に関連する調達契約

四　特定地方公共団体の経営する電気事業に係る調達契約
　五　公共の安全と秩序の維持に密接に関連する調達契約であって、当該調達契約に係る特定地方公共団体の行為を秘密にする必要があるもの
２　前項の予定価格は、一連の調達契約が締結される場合にあっては、当該一連の調達契約により調達をすべき物品等又は特定役務の予定価格の合計額とする。
　　（競争入札の参加者の資格に関する公示）
第４条　特定地方公共団体の長は、この政令の規定が適用される調達契約（以下「特定調達契約」という。）の締結が見込まれるときは、地方自治法施行令第167条の５第２項（同令第167条の11第３項において準用する場合を含む。）の規定による公示については、当該特定調達契約の締結が見込まれる年度ごとに、しなければならない。
　　（一般競争入札の参加者の資格に関する要件の制限）
第５条　特定地方公共団体の長は、地方自治法施行令第167条の５の２の規定にかかわらず、特定調達契約に係る一般競争入札に参加する者につき、当該入札に参加する者の事業所の所在地に関する必要な資格を定めることができない。
　　（一般競争入札について公告をする事項）
第６条　特定地方公共団体の長は、特定調達契約について地方自治法施行令第167条の６第１項の規定により公告をするときは、同項の規定により公告をしなければならない事項及び同条第２項の規定により明らかにしておかなければならない事項のほか、次に掲げる事項についても、公告をしなければならない。
　一　競争入札に付する事項
　二　契約条項を示す場所
　三　入札保証金に関する事項
　四　一連の調達契約にあっては、当該一連の調達契約のうちの一の契約による調達後において調達が予定される物品等又は特定役務の名称、数量及びその入札の公告の予定時期並びに当該一連の調達契約のうちの最初の契約に係る入札の公告の日付
　五　第８条に規定する文書の交付に関する事項
　六　落札者の決定の方法
　　（指名競争入札の公示）
第７条　特定地方公共団体の長は、特定調達契約につき指名競争入札により契約を締結しようとするときは、前条の規定により一般競争入札について公告をするものとされている事項について、公示をしなければならない。
　　（入札説明書の交付）
第８条　特定地方公共団体の長は、特定調達契約につき一般競争入札又は指名競争入札により契約を締結しようとするときは、これらの競争入札に参加しようとする者に対し、その者の申請により、入札を行うため必要な事項として当該特定地方公共団体の規則で定める事項について説明する文書を交付するものとする。
　　（落札者の決定方法の制限）
第９条　地方自治法施行令第167条の10第２項（同令第167条の13において準用する場合を含む。）の規定は、特定調達契約については、適用しない。
　　（随意契約）
第10条　特定調達契約については、地方自治法施行令第167条の２第１項第５号、

第8号又は第9号の規定によるほか、次に掲げる場合に該当するときに限り、地方自治法第234条第2項の規定により随意契約によることができる。
一 他の物品等若しくは特定役務をもって代替させることができない芸術品その他これに類するもの又は特許権等の排他的権利若しくは特殊な技術に係る物品等若しくは特定役務の調達をする場合において、当該調達の相手方が特定されているとき。
二 既に調達をした物品等（以下この号において「既調達物品等」という。）又は既に契約を締結した特定役務（以下この号において「既契約特定役務」という。）につき、交換部品その他既調達物品等に連接して使用する物品等の調達をする場合又は既契約特定役務に連接して提供を受ける同種の特定役務の調達をする場合であって、既調達物品等又は既契約特定役務の調達の相手方以外の者から調達をしたならば既調達物品等の使用又は既契約特定役務の便益を享受することに著しい支障が生ずるおそれがあるとき。
三 特定地方公共団体の委託に基づく試験研究の結果製造又は開発された試作品等（特定役務を含む。）の調達をする場合
四 既に契約を締結した建設工事（以下この号において「既契約工事」という。）についてその施工上予見し難い事由が生じたことにより既契約工事を完成するために施工しなければならなくなった追加の建設工事（以下この号において「追加工事」という。）で当該追加工事の契約に係る予定価格に相当する金額（この号に掲げる場合に該当し、かつ、随意契約の方法により契約を締結した既契約工事に係る追加工事がある場合には、当該追加工事の契約金額（当該追加工事が二以上ある場合には、それぞれの契約金額を合算した金額）を加えた額とする。）が既契約工事の契約金額の100分の50以下であるものの調達をする場合であって、既契約工事の調達の相手方以外の者から調達をしたならば既契約工事の完成を確保する上で著しい支障が生ずるおそれがあるとき。
五 計画的に実施される施設の整備のために契約された建設工事（以下この号において「既契約工事」という。）に連接して当該施設の整備のために施工される同種の建設工事（以下この号において「同種工事」という。）の調達をする場合、又はこの号に掲げる場合に該当し、かつ、随意契約の方法により契約が締結された同種工事に連接して新たな同種工事の調達をする場合であって、既契約工事の調達の相手方以外の者から調達をすることが既契約工事の調達の相手方から調達をする場合に比して著しく不利と認められるとき。ただし、既契約工事の調達契約が第4条から前条までの規定により締結されたものであり、かつ、既契約工事の入札に係る第6条の公告又は第7条の公示においてこの号の規定により同種工事の調達をする場合があることが明らかにされている場合に限る。
六 建築物の設計を目的とする契約をする場合であって、当該契約の相手方が、総務大臣の定める要件を満たす審査手続により、当該建築物の設計に係る案の提出を行った者の中から最も優れた案を提出した者として特定されているとき。ただし、当該契約が、地方自治法施行令第167条の2第1項第2号に規定するその性質又は目的が競争入札に適しないものに該当する場合に限る。
2 特定調達契約につき地方自治法施行令第167条の2第1項第8号又は第9号の規定により随意契約による場合については、同条第4項の規定は適用しない。

（落札者等の公示）
第11条　特定地方公共団体の長は、特定調達契約につき、一般競争入札若しくは指名競争入札により落札者を決定したとき、又は随意契約の相手方を決定したときは、当該特定地方公共団体の規則で定めるところにより公示をしなければならない。
　　（一部事務組合等に関する特例）
第12条　一部事務組合及び広域連合で特定地方公共団体の加入するものについては、この政令の規定は準用しない。
　　（特定地方公共団体の規則への委任）
第13条　この政令に規定するものを除くほか、特定調達契約について必要な事項は、特定地方公共団体の規則でこれを定める。

　　　附　則
　　（施行期日）
1　この政令は、協定が日本国について効力を生ずる日から施行する。
　　（経過措置）
2　この政令は、この政令の施行の日前において行われた公告その他の契約の申込みの誘引に係る契約で同日以後に締結されるものについては、適用しない。
3　この政令は、第10条第1項第6号に規定する契約であって、この政令の施行の日前に建築物の設計に係る案の提出の要請が行われたものであり、かつ、当該契約の相手方が当該案の提出を行った者の中から最も優れた案を提出した者として同日以後に特定されるものについては、適用しない。

● 地方公共団体の物品等又は特定役務の調達手続の特例を定める政令第３条第１項に規定する総務大臣の定める区分及び額

（平成22年１月25日総務省告示第19号）
最終改正：平成22年１月25日総務省告示第19号

　地方公共団体の物品等又は特定役務の調達手続の特例を定める政令（平成７年政令第372号）第３条第１項に規定する総務大臣の定める区分は、次の表の上欄に掲げる区分とし、同項に規定する総務大臣の定める額は、当該区分に応じ同表の下欄に定める額とし、平成22年４月１日から平成24年３月31日までの間に締結される調達契約について適用する。

区　　　　　分	額
物品等の調達契約	3000万円
特定役務のうち建設工事の調達契約	23億円
特定役務のうち建築のためのサービス、エンジニアリング・サービスその他の技術的サービスの調達契約	２億3000万円
特定役務のうち右記以外の調達契約	3000千万円

政府契約の支払遅延防止等に関する法律

(昭和24年12月12日法律第256号)
最終改正：平成14年12月13日法律第152号

（目的）
第1条 この法律は、政府契約の支払遅延防止等その公正化をはかるとともに、国の会計経理事務処理の能率化を促進し、もつて国民経済の健全な運行に資することを目的とする。

（定義）
第2条 この法律において「政府契約」とは、国を当事者の一方とする契約で、国以外の者のなす工事の完成若しくは作業その他の役務の給付又は物件の納入に対し国が対価の支払をなすべきものをいう。

（政府契約の原則）
第3条 政府契約の当事者は、各々の対等な立場における合意に基いて公正な契約を締結し、信義に従つて誠実にこれを履行しなければならない。

（政府契約の必要的内容事項）
第4条 政府契約の当事者は、前条の趣旨に従い、その契約の締結に際しては、給付の内容、対価の額、給付の完了の時期その他必要な事項のほか、次に掲げる事項を書面（電磁的記録（電子的方式、磁気的方式その他人の知覚によつては認識することができない方式で作られる記録であつて、電子計算機による情報処理の用に供されるものをいう。以下この条において同じ。）（財務省令で定めるものに限る。）を含む。第10条において同じ。）により明らかにしなければならない。ただし、他の法令により契約書（その作成に代えて電磁的記録の作成がされている場合における当該電磁的記録を含む。）の作成を省略することができるものについては、この限りでない。

一 契約の目的たる給付の完了の確認又は検査の時期
二 対価の支払の時期
三 各当事者の履行の遅滞その他債務の不履行の場合における遅延利息、違約金その他の損害金
四 契約に関する紛争の解決方法

（給付の完了の確認又は検査の時期）
第5条 前条第1号の時期は、国が相手方から給付を終了した旨の通知を受けた日から工事については14日、その他の給付については10日以内の日としなければならない。

2 国が相手方のなした給付を検査しその給付の内容の全部又は一部が契約に違反し又は不当であることを発見したときは、国は、その是正又は改善を求めることができる。この場合においては、前項の時期は、国が相手方から是正又は改善した給付を終了した旨の通知を受けた日から前項の規定により約定した期間以内の日とする。

（支払の時期）
第6条 第4条第2号の時期は、国が給付の完了の確認又は検査を終了した後相手方から適法な支払請求を受けた日から工事代金については40日、その他の給付に対する対価については30日（以下この規定又は第七条の規定により約定した期間

を「約定期間」という。）以内の日としなければならない。
2　国が相手方の支払請求を受けた後、その請求の内容の全部又は一部が不当であることを発見したときは、国は、その事由を明示してその請求を拒否する旨を相手方に通知するものとする。この場合において、その請求の内容の不当が軽微な過失によるときにあつては、当該請求の拒否を通知した日から国が相手方の不当な内容を改めた支払請求を受けた日までの期間は、約定期間に算入しないものとし、その請求の内容の不当が相手方の故意又は重大な過失によるときにあつては、適法な支払請求があつたものとしないものとする。

　　（時期の定の特例）
第7条　契約の性質上前2条の規定によることが著しく困難な特殊の内容を有するものについては、当事者の合意により特別の期間の定をすることができる。但し、その期間は、前2条の最長期間に1.5を乗じた日数以内の日としなければならない。

　　（支払遅延に対する遅延利息の額）
第8条　国が約定の支払時期までに対価を支払わない場合の遅延利息の額は、約定の支払時期到来の日の翌日から支払をする日までの日数に応じ、当該未支払金額に対し財務大臣が銀行の一般貸付利率を勘案して決定する率を乗じて計算した金額を下るものであつてはならない。但し、その約定の支払時期までに支払をしないことが天災地変等やむを得ない事由に因る場合は、特に定めない限り、当該事由の継続する期間は、約定期間に算入せず、又は遅延利息を支払う日数に計算しないものとする。
2　前項の規定により計算した遅延利息の額が100円未満であるときは、遅延利息を支払うことを要せず、その額に100円未満の端数があるときは、その端数を切り捨てるものとする。

　　（完了の確認又は検査の遅延）
第9条　国が約定の時期までに給付の完了確認又は検査をしないときは、その時期を経過した日から完了の確認又は検査をした日までの期間の日数は、約定期間の日数から差し引くものとし、又当該遅延期間が約定期間の日数を越える場合には、約定期間は満了したものとみなし、国は、その越える日数に応じ前条の計算の例に準じ支払遅延に関し約定した利率をもつて計算した金額を相手方に対し支払わなければならない。

　　（定をしなかつた場合）
第10条　政府契約の当事者が第4条ただし書の規定により、同条第1号から第3号までに掲げる事項を書面により明らかにしないときは、同条第1号の時期は、相手方が給付を終了し国がその旨の通知を受けた日から10日以内の日、同条第2号の時期は、相手方が支払請求をした日から15日以内の日と定めたものとみなし、同条第3号中国が支払時期までに対価を支払わない場合の遅延利息の額は、第8条の計算の例に準じ同条第1項の財務大臣の決定する率をもつて計算した金額と定めたものとみなす。政府契約の当事者が第4条ただし書の場合を除き同条第1号から第3号までに掲げる事項を書面により明らかにしないときも同様とする。

　　（国の過払額に対する利息の加算）
第11条　国が前金払又は概算払をなした場合においてその支払済金額が支払確定金額を超過し当該契約の相手方がその超過額を返納告知のあつた期限までに返納し

ないときは、その相手方は、その期限の翌日からこれを国に返納する日までの期間に応じ、当該未返納金額に対し第8条第1項に定める率と同じ率を乗じて計算した金額を加算して国に返納しなければならない。

（行政手続等における情報通信の技術の利用に関する法律の適用除外）

第11条の2　この法律の規定による手続については、行政手続等における情報通信の技術の利用に関する法律（平成14年法律第151号）第3条及び第4条の規定は、適用しない。

（電磁的方法による手続）

第11条の3　第5条、第6条及び第10条の規定に基づき相手方が行う通知又は請求が電磁的方法（電子情報処理組織を使用する方法その他の情報通信の技術を利用する方法であつて財務省令で定めるものをいう。次項において同じ。）により行われたときは、国の使用に係る電子計算機に備えられたファイルへの記録がされた時に国に到達したものとみなす。

2　第6条第2項の規定に基づき国が行う通知が電磁的方法により行われたときは、相手方の使用に係る電子計算機に備えられたファイルへの記録がされた時に当該相手方に到達したものとみなす。

（財務大臣の監督）

第12条　財務大臣は、この法律の適正な実施を確保し政府契約に基く支払の遅延を防止するため、各省各庁（財政法（昭和22年法律第34号）第21条に規定する各省各庁をいう。）及び公団に対し支払の状況について報告を徴し、実地監査を行い、又は必要に応じ、閣議の決定を経て支払について必要な指示をすることができる。

2　財務大臣は、前項の目的をもって政府契約の相手方に対して支払の状況について報告させ、又は必要に応じ実地調査をすることができる。

（懲戒処分）

第13条　国の会計事務を処理する職員が故意又は過失により国の支払を著しく遅延させたと認めるときは、その職員の任命権者は、その職員に対し懲戒処分をしなければならない。

2　会計検査院は、検査の結果国の会計事務を処理する職員が故意又は過失により国の支払を著しく遅延させたと認める事件でその職員の任命権者がその職員を前項の規定により処分していないものを発見したときは、その任命権者に当該職員の懲戒処分を要求しなければならない。

（この法律の準用）

第14条　この法律（第12条及び前条第2項を除く。）の規定は、地方公共団体のなす契約に準用する。

　　　附　則〔抄〕

1　この法律は、公布の日から施行する。

● 政府契約の支払遅延に対する遅延利息の率を定める件

(昭和24年12月12日大蔵省告示第991号)

最終改正:平成23年2月24日財務省告示第52号

政府契約の支払遅延防止等に関する法律(昭和24年法律第256号)第8条第1項の規定に基き、政府契約の支払遅延に対する遅延利息の率を次のように定める。

年3.1パーセント

● 建設業法〔抄〕

(昭和24年5月24日法律第100号)
最終改正：平成20年5月2日法律第28号

第3章　建設工事の請負契約
第1節　通則
（建設工事の請負契約の内容）

第19条　建設工事の請負契約の当事者は、前条の趣旨に従つて、契約の締結に際して次に掲げる事項を書面に記載し、署名又は記名押印をして相互に交付しなければならない。

　一　工事内容
　二　請負代金の額
　三　工事着手の時期及び工事完成の時期
　四　請負代金の全部又は一部の前金払又は出来形部分に対する支払の定めをするときは、その支払の時期及び方法
　五　当事者の一方から設計変更又は工事着手の延期若しくは工事の全部若しくは一部の中止の申出があつた場合における工期の変更、請負代金の額の変更又は損害の負担及びそれらの額の算定方法に関する定め
　六　天災その他不可抗力による工期の変更又は損害の負担及びその額の算定方法に関する定め
　七　価格等（物価統制令（昭和21年勅令第118号）第2条に規定する価格等をいう。）の変動若しくは変更に基づく請負代金の額又は工事内容の変更
　八　工事の施工により第三者が損害を受けた場合における賠償金の負担に関する定め
　九　注文者が工事に使用する資材を提供し、又は建設機械その他の機械を貸与するときは、その内容及び方法に関する定め
　十　注文者が工事の全部又は一部の完成を確認するための検査の時期及び方法並びに引渡しの時期
　十一　工事完成後における請負代金の支払の時期及び方法
　十二　工事の目的物の瑕疵を担保すべき責任又は当該責任の履行に関して講ずべき保証保険契約の締結その他の措置に関する定めをするときは、その内容
　十三　各当事者の履行の遅滞その他債務の不履行の場合における遅延利息、違約金その他の損害金
　十四　契約に関する紛争の解決方法

2　請負契約の当事者は、請負契約の内容で前項に掲げる事項に該当するものを変更するときは、その変更の内容を書面に記載し、署名又は記名押印をして相互に交付しなければならない。

3　建設工事の請負契約の当事者は、前2項の規定による措置に代えて、政令で定めるところにより、当該契約の相手方の承諾を得て、電子情報処理組織を使用する方法その他の情報通信の技術を利用する方法であつて、当該各項の規定による措置に準ずるものとして国土交通省令で定めるものを講ずることができる。この場合において、当該国土交通省令で定める措置を講じた者は、当該各項の規定による措置を講じたものとみなす。

(建設工事の見積り等)
第20条 建設業者は、建設工事の請負契約を締結するに際して、工事内容に応じ、工事の種別ごとに材料費、労務費その他の経費の内訳を明らかにして、建設工事の見積りを行うよう努めなければならない。
2 建設業者は、建設工事の注文者から請求があつたときは、請負契約が成立するまでの間に、建設工事の見積書を提示しなければならない。
3 建設工事の注文者は、請負契約の方法が随意契約による場合にあつては契約を締結する以前に、入札の方法により競争に付する場合にあつては入札を行う以前に、第19条第1項第1号及び第3号から第14号までに掲げる事項について、できる限り具体的な内容を提示し、かつ、当該提示から当該契約の締結又は入札までに、建設業者が当該建設工事の見積りをするために必要な政令で定める一定の期間を設けなければならない。

　　附　則〔抄〕
（施行期日）
1 この法律は、公布の日から起算して60日をこえ90日をこえない期間内において政令で定める日から施行する。

● 建設業法施行令〔抄〕

(昭和31年8月29日政令第273号)
最終改正：平成20年5月23日政令第186号

(建設工事の見積期間)
第6条 法第20条第3項に規定する見積期間は、次に掲げるとおりとする。ただし、やむを得ない事情があるときは、第2号及び第3号の期間は、5日以内に限り短縮することができる。
　一　工事一件の予定価格が500万円に満たない工事については、1日以上
　二　工事一件の予定価格が500万円以上5000万円に満たない工事については、10日以上
　三　工事一件の予定価格が5000万円以上の工事については、15日以上
2　国が入札の方法により競争に付する場合においては、予算決算及び会計令（昭和22年勅令第165号）第74条の規定による期間を前項の見積期間とみなす。

　　　附　則
この政令は、昭和31年8月30日から施行する。

● 入札談合等関与行為の排除及び防止並びに職員による入札等の公正を害すべき行為の処罰に関する法律

(平成14年7月31日法律第101号)
最終改正:平成21年6月10日法律第51号

(趣旨)
第1条 この法律は、公正取引委員会による各省各庁の長等に対する入札談合等関与行為を排除するために必要な改善措置の要求、入札談合等関与行為を行った職員に対する損害賠償の請求、当該職員に係る懲戒事由の調査、関係行政機関の連携協力等入札談合等関与行為を排除し、及び防止するための措置について定めるとともに、職員による入札等の公正を害すべき行為についての罰則を定めるものとする。

(定義)
第2条 この法律において「各省各庁の長」とは、財政法(昭和22年法律第34号)第20条第2項に規定する各省各庁の長をいう。
2 この法律において「特定法人」とは、次の各号のいずれかに該当するものをいう。
　一 国又は地方公共団体が資本金の2分の1以上を出資している法人
　二 特別の法律により設立された法人のうち、国又は地方公共団体が法律により、常時、発行済株式の総数又は総株主の議決権の3分の1以上に当たる株式の保有を義務付けられている株式会社(前号に掲げるもの及び政令で定めるものを除く。)
3 この法律において「各省各庁の長等」とは、各省各庁の長、地方公共団体の長及び特定法人の代表者をいう。
4 この法律において「入札談合等」とは、国、地方公共団体又は特定法人(以下「国等」という。)が入札、競り売りその他競争により相手方を選定する方法(以下「入札等」という。)により行う売買、貸借、請負その他の契約の締結に関し、当該入札に参加しようとする事業者が他の事業者と共同して落札すべき者若しくは落札すべき価格を決定し、又は事業者団体が当該入札に参加しようとする事業者に当該行為を行わせること等により、私的独占の禁止及び公正取引の確保に関する法律　(昭和22年法律第54号)第3条又は第8条第1号の規定に違反する行為をいう。
5 この法律において「入札談合等関与行為」とは、国若しくは地方公共団体の職員又は特定法人の役員若しくは職員(以下「職員」という。)が入札談合等に関与する行為であって、次の各号のいずれかに該当するものをいう。
　一 事業者又は事業者団体に入札談合等を行わせること。
　二 契約の相手方となるべき者をあらかじめ指名することその他特定の者を契約の相手方となるべき者として希望する旨の意向をあらかじめ教示し、又は示唆すること。
　三 入札又は契約に関する情報のうち特定の事業者又は事業者団体が知ることによりこれらの者が入札談合等を行うことが容易となる情報であって秘密として

管理されているものを、特定の者に対して教示し、又は示唆すること。
　　四　特定の入札談合等に関し、事業者、事業者団体その他の者の明示若しくは黙示の依頼を受け、又はこれらの者に自ら働きかけ、かつ、当該入札談合等を容易にする目的で、職務に反し、入札に参加する者として特定の者を指名し、又はその他の方法により、入札談合等を幇助すること。

（各省各庁の長等に対する改善措置の要求等）
第3条　公正取引委員会は、入札談合等の事件についての調査の結果、当該入札談合等につき入札談合等関与行為があると認めるときは、各省各庁の長等に対し、当該入札談合等関与行為を排除するために必要な入札及び契約に関する事務に係る改善措置（以下単に「改善措置」という。）を講ずべきことを求めることができる。

2　公正取引委員会は、入札談合等の事件についての調査の結果、当該入札談合等につき入札談合等関与行為があったと認めるときは、当該入札談合等関与行為が既になくなっている場合においても、特に必要があると認めるときは、各省各庁の長等に対し、当該入札談合等関与行為が排除されたことを確保するために必要な改善措置を講ずべきことを求めることができる。

3　公正取引委員会は、前2項の規定による求めをする場合には、当該求めの内容及び理由を記載した書面を交付しなければならない。

4　各省各庁の長等は、第1項又は第2項の規定による求めを受けたときは、必要な調査を行い、当該入札談合等関与行為があり、又は当該入札談合等関与行為があったことが明らかとなったときは、当該調査の結果に基づいて、当該入札談合等関与行為を排除し、又は当該入札談合等関与行為が排除されたことを確保するために必要と認める改善措置を講じなければならない。

5　各省各庁の長等は、前項の調査を行うため必要があると認めるときは、公正取引委員会に対し、資料の提供その他必要な協力を求めることができる。

6　各省各庁の長等は、第4項の調査の結果及び同項の規定により講じた改善措置の内容を公表するとともに、公正取引委員会に通知しなければならない。

7　公正取引委員会は、前項の通知を受けた場合において、特に必要があると認めるときは、各省各庁の長等に対し、意見を述べることができる。

（職員に対する損害賠償の請求等）
第4条　各省各庁の長等は、前条第1項又は第2項の規定による求めがあったときは、当該入札談合等関与行為による国等の損害の有無について必要な調査を行わなければならない。

2　各省各庁の長等は、前項の調査の結果、国等に損害が生じたと認めるときは、当該入札談合等関与行為を行った職員の賠償責任の有無及び国等に対する賠償額についても必要な調査を行わなければならない。

3　各省各庁の長等は、前2項の調査を行うため必要があると認めるときは、公正取引委員会に対し、資料の提供その他必要な協力を求めることができる。

4　各省各庁の長等は、第1項及び第2項の調査の結果を公表しなければならない。

5　各省各庁の長等は、第2項の調査の結果、当該入札談合等関与行為を行った職員が故意又は重大な過失により国等に損害を与えたと認めるときは、当該職員に対し、速やかにその賠償を求めなければならない。

6　入札談合等関与行為を行った職員が予算執行職員等の責任に関する法律（昭和

25年法律第172号）第3条第2項（同法第9条第2項において準用する場合を含む。）の規定により弁償の責めに任ずべき場合については、各省各庁の長又は公庫の長（同条第1項に規定する公庫の長をいう。）は、第2項、第3項（第2項の調査に係る部分に限る。）、第4項（第2項の調査の結果の公表に係る部分に限る。）及び前項の規定にかかわらず、速やかに、同法に定めるところにより、必要な措置をとらなければならない。この場合においては、同法第4条第4項（同法第9条第2項において準用する場合を含む。）中「遅滞なく」とあるのは、「速やかに、当該予算執行職員の入札談合等関与行為（入札談合等関与行為の排除及び防止並びに職員による入札等の公正を害すべき行為の処罰に関する法律（平成14年法律第101号）第2条第5項に規定する入札談合等関与行為をいう。）に係る同法第4条第1項の調査の結果を添えて」とする。

7　入札談合等関与行為を行った職員が地方自治法（昭和22年法律第67号）第243条の2第1項（地方公営企業法（昭和27年法律第292号）第34条において準用する場合を含む。）の規定により賠償の責めに任ずべき場合については、第2項、第3項（第2項の調査に係る部分に限る。）、第4項（第2項の調査の結果の公表に係る部分に限る。）及び第5項の規定は適用せず、地方自治法第243条の2第3項中「決定することを求め」とあるのは、「決定することを速やかに求め」と読み替えて、同条（地方公営企業法第34条において準用する場合を含む。）の規定を適用する。

　（職員に係る懲戒事由の調査）

第5条　各省各庁の長等は、第3条第1項又は第2項の規定による求めがあったときは、当該入札談合等関与行為を行った職員に対して懲戒処分（特定法人（特定独立行政法人（独立行政法人通則法（平成11年法律第103号）第2条第2項に規定する特定独立行政法人をいう。以下この項において同じ。）及び特定地方独立行政法人（地方独立行政法人法（平成15年法律第118号）第2条第2項に規定する特定地方独立行政法人をいう。以下この項において同じ。）を除く。）にあっては、免職、停職、減給又は戒告の処分その他の制裁）をすることができるか否かについて必要な調査を行わなければならない。ただし、当該求めを受けた各省各庁の長、地方公共団体の長、特定独立行政法人の長又は特定地方独立行政法人の理事長が、当該職員の任命権を有しない場合（当該職員の任命権を委任した場合を含む。）は、当該職員の任命権を有する者（当該職員の任命権の委任を受けた者を含む。以下「任命権者」という。）に対し、第3条第1項又は第2項の規定による求めがあった旨を通知すれば足りる。

2　前項ただし書の規定による通知を受けた任命権者は、当該入札談合等関与行為を行った職員に対して懲戒処分をすることができるか否かについて必要な調査を行わなければならない。

3　各省各庁の長等又は任命権者は、第1項本文又は前項の調査を行うため必要があると認めるときは、公正取引委員会に対し、資料の提供その他必要な協力を求めることができる。

4　各省各庁の長等又は任命権者は、それぞれ第1項本文又は第2項の調査の結果を公表しなければならない。

　（指定職員による調査）

第6条　各省各庁の長等又は任命権者は、その指定する職員（以下この条において

「指定職員」という。）に、第3条第4項、第4条第1項若しくは第2項又は前条第1項本文若しくは第2項の規定による調査（以下この条において「調査」という。）を実施させなければならない。この場合において、各省各庁の長等又は任命権者は、当該調査を適正に実施するに足りる能力、経験等を有する職員を指定する等当該調査の実効を確保するために必要な措置を講じなければならない。

2　指定職員は、調査に当たっては、公正かつ中立に実施しなければならない。

3　指定職員が調査を実施する場合においては、当該各省各庁（財政法第21条に規定する各省各庁をいう。以下同じ。）、地方公共団体又は特定法人の職員は、当該調査に協力しなければならない。

（関係行政機関の連携協力）

第7条　国の関係行政機関は、入札談合等関与行為の防止に関し、相互に連携を図りながら協力しなければならない。

（職員による入札等の妨害）

第8条　職員が、その所属する国等が入札等により行う売買、貸借、請負その他の契約の締結に関し、その職務に反し、事業者その他の者に談合を唆すこと、事業者その他の者に予定価格その他の入札等に関する秘密を教示すること又はその他の方法により、当該入札等の公正を害すべき行為を行ったときは、5年以下の懲役又は250万円以下の罰金に処する。

（運用上の配慮）

第9条　この法律の運用に当たっては、入札及び契約に関する事務を適正に実施するための地方公共団体等の自主的な努力に十分配慮しなければならない。

（事務の委任）

第10条　各省各庁の長は、この法律に規定する事務を、当該各省各庁の外局（法律で国務大臣をもってその長に充てることとされているものに限る。）の長に委任することができる。

　　　附　則

この法律は、公布の日から起算して6月を超えない範囲内において政令で定める日から施行する。

著者略歴

井　出　勝　也
（い　で　かつ　や）

昭和42年中央大学法学部法律学科卒業
昭和42年4月から東京都に勤務。財務局入局を振り出しに、財務局経理部契約第二課長、契約第一課長、東京都住宅供給公社経理部長、財務局契約調整担当部長など主に契約畑を歴任し、平成14年退職。その後（社）東京建設業協会専務理事に就任し、平成21年7月退任。現在に至る。

［著　作］
『地方公共団体　契約実務の要点』（加除式・共著）第一法規

エキスパート養成のための
地方公共団体・公法人「契約実務」講座

2011年7月15日　第1版第1刷発行

著　者　　井　出　勝　也
発行者　　松　林　久　行
発行所　　株式会社大成出版社

〒156-0042
東京都世田谷区羽根木1―7―11
電話 03（3321）4131（代）
http://www.taisei-shuppan.co.jp/

ⓒ2011 井出勝也　　　　　　　　　　　　印刷　信教印刷

落丁・乱丁はおとりかえいたします。
ISBN978-4-8028-3014-0